现代化高中学校管理变革探索

余耀强　著

湘潭大学出版社
XIANGTAN UNIVERSITY PRESS

前 言

当前教育的变革时代已经到来，学校作为一种教育性的社会组织，现代高中学校的管理变革行为已不仅仅是为了成功，更是为了在日益激烈的竞争环境中获得生存。教育的现代化是时代发展过程中的重要内容，随着教育的变革而不断创新推进，教育管理作为其中的一部分，有许多具体的、未知的新内容需要进行认真的研究、实践和总结。学校管理变革将是一项长期艰巨的系统工程，不可能一蹴而就。

学校管理的有效性决定了学校管理的质量。现阶段，要更加注重人的全面发展的理念，在管理活动中把人作为管理的核心，这里的以人为本的观念是指以学生为本、以教师为本、以家长为本。要发挥校本管理观，要求从实践出发，以学校为主体进行管理。学校可以根据自身特色确立办学理念，设计发展蓝图，但必须遵循教育规律，不能脱离学校教育规律发展。学校的全面管理观不仅重视德智体美劳的全面发展，还要鼓励学生发展自己的个性，在不断学习中发现自己的优势和缺点，并学会直面问题的方法，从而解决问题，达到更好的教学管理效果。学校的管理者需要具有创新意识，根据学校工作中出现的新问题，完善课程设置，丰富教学内容，调整不利于学习管理工作的制度，在工作中不断创新，提高学校管理的效率，真正提高办学质量。在改革中，也要进行学校文化改革，推动学校文化建设，保证学校可持续并更好地发展。学校文化的建设可以从多个方面进行，建设特色学科，鼓励学生创新，营造良好的学习氛围，推动整个学校的持久发展。

基于上述观点，本书通过五章内容全面论述在高中学校管理变革下，如何推动学校更好地发展，提升学校内部的核心竞争力，提高学校的社会影响力。全书从中国教育变革发展史入手，论述高中学校转型发展文献，解读现代化高中学校管理理念，分析其中的管理问题与方法；从学校管理、课程体系、教师与学生等多个角度论述现代化高中管理研究的内容，探索学校管理变革路径，立足学校文化历史，以文化为中心，寻找合适的管理变革途径；采用举事实例证的方法，通过具体的高中工作实例对我国现代学校管理变革实践进行剖析，深入论述高中课程建设与教学改革实践，旨在阐释学校变革的有效性与合理发展；最后展示了高中生综合素养实践活动与全员导师制的案例研究，通过高中学校个案解读的方法加以诠释师生管理活动的创新。

在撰写本书的过程中，笔者参考了大量文献资料，并结合了多年的实践经验，同时得到了许多专家学者的帮助和指导，在此表示真诚的感谢。由于作者所能投入研究的精力和时间有限，书中难免有一些不足和谬误，敬请广大读者批评指正，以求进一步完善。

作者

2022 年 1 月

目 录

第一章

绪　论

高中学校的教育是在社会变革的同时不断深化的，现代化的学校管理在面对这一变化的过程中也在不断进行变革与创新。本章简要论述中国教育变革的发展过程；转型发展的相关文献研究；学校管理理念、问题和方式。

第一节　中国教育变革发展历史

教育是一种社会现象，随着社会的发展变化而发展变化，中国教育在漫长的历史发展过程中发生过重大的变革。

一、中国教育变革的重大事件

如果以中国古代教育制度的形成与发展为线索去考察中国几千年的教育发展，我们可以明显地看出社会发展变化对教育的影响，在中华民族近几千年有文字记载的历史中，有许多次意义重大、影响深远的教育变革大事。

（一）先秦时期教育变革

我国的教育发源很早，相传五帝时就有了现在解释为用来宣讲教令的学校——“成均”。但现在一般认为如同《古今图书集成·学校部》里提到：“夏后氏设东序为大学，设西序为小学”那样，真正的学校形成于夏代称为“序”的机构。《礼记·王制》里也记载：“夏后氏养国老于东序，养庶老于西序”①，指出夏代把以前只具有比较单一的养老敬老功能的“序”改变成可以兼教习射的教育机构。

西周在继承夏商教育发展的基础上，使教育制度化、系统化。受社会发展和西周社会特有的宗法制度的影响，形成了政教合一、官师不分、教育机构与行政机构不分的“学在官府”的教育制度，在这种制度基础上形成了从中央到地方等级和职责都比较分明、比较完善的学校组织体系；建立了相对严格的视学制度；确定了以礼、乐、射、御、书、数等“六艺”为主的教学内容。这样，西周的学校教育与社会教化紧密联系、合为一体，“以‘化民成俗’为旨归的西周社会教育化制度代代相袭，堪称中国古代教化之源，对中国几千年的封建教育产生了深远的影响”。②

春秋战国时期，由于周王朝统治力量的衰微和频繁的战乱，造成西周宗法制社会形态逐渐解体、“学在官府”的教育体制逐渐消亡、学术挣脱官府的控制向民间扩散。同时，由于封建经济逐渐发展壮大，社会对人才的需求增加，以孔子为代表的大批思想家应运而生，纷纷开办私学，促使教育从国家行政中分离出来，在教育理论和实践上解决了许多前人没有解决的问题，开始了后世官学与私学并存的局面。

（二）秦汉时期教育变革

在公元前221年中国统一后，秦始皇为了巩固统治，在继续执行秦王朝几百年间形成的一些有效的教育制度的基础上，为了适应新的形势，统

---

① 孙培青．中国教育史［M］．上海：华东师范大学出版社，2000.

② 李国钧，王炳照．中国教育制度通史：第1卷［M］．济南：山东教育出版社，2000.

一文字，立博士，设“三老”（有秩、啬夫、游徼）① 来管理从中央到地方的各级教育，采取“以吏为师，以法为教”的政策，推行以“昌明法度、匡正异俗”为目的的社会教化活动，使秦王朝的官吏教育及相应的法制教育开展得很有声势。这些举措有力地推动了大一统的政治局面，但是，由于秦始皇在执政的最后四五年里，妄图恢复西周以前“学在官府”的局面，又颁布“挟书令”并“焚书坑儒”，采取禁止私学的政策，使普通教育活动受到很大的摧残。

在汉初休养生息、恢复了国力之后，西汉惠帝废除“挟书令”、文帝允许开办私学、武帝采用董仲舒提出的“罢黜百家，独尊儒术”的建议，确立了儒家思想占统治地位的意识形态，在长安建立“太学”“设五经博士为教官，选地主子弟去学儒家经典”②，把教育和选拔人才的制度结合起来，开创了以儒取士的察举制。这些变革不仅使汉代的文教模式成为后世之基础，也促使了汉民族共同文化心理的形成。

（三）三国至唐教育变革

受战乱及士族占统治地位的社会现实的影响，也为了选拔优秀人才，曹魏时期的曹丕努力恢复儒学的地位，本着“以经学贡士”的原则，废除察举制，设立了九品中正制，这一制度在三国两晋南北朝这段历史时期沿用了三百多年。

公元 606 年，在九品中正制衰落的情况下，隋炀帝杨广设立进士科考，以考试的方式来选拔人才，标志着科举制的创立。以后的 1300 年，历代王朝竞相沿袭并对这一制度不断完善。

唐代将孔子神圣化，重新确立了儒术的正统地位。唐太宗李世民进一步完善了科举制，增加了考试科目，编《五经正义》作为学习教材和科举考试的依据；武则天虽然崇信佛教不重视儒学，但创立了皇帝亲自考试录

---

① 吴定初. 中国教育史要略［M］. 成都：巴蜀书社，1996.

② 天津师范学院历史系《中国简史》编写组. 中国简史［M］. 北京：人民教育出版社，1979.

取进士的殿试制度，加强了皇帝对选官用人的控制，并开创了至今还在使用的糊名考试的方法来保证考试的公平。这样，在唐代，中国古代教育完成了古代“养士”和“取士”之道合而为一的理想。

（四）宋元时期教育变革

宋王朝采用重文抑武的策略来加强和巩固中央集权制，除继续抬高儒学的地位、进一步完善科举制外，还倡导理学，将理学作为教学指导思想，放宽了学生进入官学读书的资格限制，并在官学系统中设立了武学与画学；大力发展以书院为代表的私学教育，对其管理也更加规范化。宋代先后有过三次大规模的兴学活动，值得一提的是“庆历兴学”时创立了学田制度，将封建国家和社会私人办学的积极性结合起来，有效地解决了当时地方官学的经费问题，扩大了教育面。①

元代在宋代“三舍法”的基础上，采用“升斋等第法”和“积分法”对学生的学业成绩和品德行为进行考察和管理，完善了学籍管理制度。还在普通国子学之外设立蒙古国子学和回回国子学，满足了国内多民族文化发展和交流的需要。元代还进一步完善了学田制，加强了对书院的控制，使书院表现出官学化的倾向。

（五）明清时期教育变革

明朝和清朝前期进一步发展了社学制度，广泛设立学校，建立了从地方到中央衔接紧密的学制系统。但由于在教育思想上以理学思想为正统，强化了科举制，把八股文规定为科举考试的固定格式；还大兴“文字狱”，使教育内容逐渐空疏无用。同时，因为控制的加强，书院制发展到清代就完全官学化了，导致中国古代教育的路越走越窄。

（六）近代教育发展变革

1905 年（清光绪 31 年），由于清政府腐朽无能，国家常受外国列强欺侮和侵略，国内有识之士强烈不满，希望政府废除科举，兴办学校，教育

---

① 李清凌．学田制度：庆历变革的一项创举［J］．西北师大学报（社会科学版），1995（6）：80-85.

强国。在国内外压力下，新学得以实施，但由于当时国穷民弱，教育只能国办民办并举，并派遣少部分学生出国留学，学习西学。1949 年中华人民共和国成立前，教育的发展十分艰辛。从 1949 年的统计数据来看，全国高等学校仅有 205 所，学生 11.7 万人；中等学校 5 216 所，学生 126.8 万人；小学校为 346 800 所，学生 2 439.1 万人；学龄儿童入学率为 20%左右，全国 80%以上人口是文盲。尽管如此，这一时期我国的有识之士还是在极端困难的条件下，努力办学，我国出现了清华、北大、复旦、同济等多所名牌大学，为我国培养了少数有名望的专家、教授和科学家。

中华人民共和国成立后，党和国家确立了“教育要为无产阶级政治服务，要与生产劳动相结合，使受教育者在德育、智育、体育全面发展”的教育方针。到 1965 年，高等学校达 434 所，学生达到 67 万人；中等学校在校学生达到 1 432 万人；学龄儿童入学率达到 85%。课程也都是根据我国建设发展的需要设置，周到且实用，为我国培养了大批的有用人才。

（七）现代教育发展变革

20 世纪 70 年代末，教育发展开始向现代化前进，教育质量稳步提升，一是发展速度快。“1982 年底，全国高等学校达 715 所，学生 117.5 万人，另有 117.2 万人在各种成人高等学校学习；各类中等学校达 107 780 所，学生 4 702.73 万人，另有 1 080.41 万人在各种成人中等学校学习；小学学校 880 500 所，学生 13 972.04 万人，另有 756.64 万人在成人初等学校学习；幼儿园 122 100 所，在园幼儿 1 139.09 万人；全国学龄儿童入学率为 93%；全国文盲、半文盲人口占总人口 23.5%”。[①]

2002 年底，“普九”（普及九年义务教育，小学六年加初中三年共九年）人口覆盖率达到 90%以上，我国是九个发展中国家中义务教育普及率最高的国家，被国际社会特别是发展中国家视为人类教育发展史上的奇迹。

---

① 姜椿芳，梅益．中国大百科全书：教育［M］．北京：中国大百科全书出版社，1994.

1987年党的十三大指出："百年大计，教育为本。必须坚持把发展教育事业放在突出的战略地位。"1992年党的十四大报告再次指出："我们必须把教育摆在优先发展的战略地位，这是实现我国现代化的根本大计。"所以各级教育行政部门应该高度重视教育在我国现代化建设中的重要地位和作用，切实抓好教育建设，促进我国教育事业稳定、快速发展，实现国家的富强。

二、中国教育变革的启示

通过对整个历史发展过程进行观察后，我们可以了解到由于过于强调教育的社会教化功能，并且将国家选拔人才和学校教育紧密结合，导致我国古代过分夸大了教育对社会政治经济的影响力，对教育促进科技和社会经济发展的作用关注较少；导致我国教育经过几千年的演化后，学校教育的内涵扩大化、学校教育的功能夸大化、学校教育的权利神圣化，形成了以"学校教育万能论"和"学校万能论"两种观点为主要代表的特有的大教育观。

特别是在古代中国这样一个农业国家里，由于工商业不发达，读书人的就业途径只能是"做官""从政"。将国家选拔人才和学校教育相结合，使科举制代代相传，从一定程度上造成了教学内容的空洞单一，以及明清两朝禁毁书籍、大兴"文字狱"的行动，阻碍了我国古代社会经济的发展。

"以史为鉴可以知得失。"在今天的变革中，我们应该注意教育与社会政治的关系，要充分重视社会政治制度对教育的影响，不能脱离特定的历史去进行单纯的教育变革，要将教育变革与政治改革联系起来，探索一条将国家的需要、社会的需要和个人的发展需要统一起来，以促进教育事业健康发展的道路。在制度变革措施及实施评价时，既要考虑到不同民族、不同地区的客观差异，更要考虑到我国传统的文化心理，做到统一与多样并存。在教师培养上，我国古代历来重视学识和品德，对教师的教学技能培养及提高关注较少，对教师的个性心理根本不做要求，这是我们要注意的，要加快教师专业化步伐建设和切实有效地开展教师职后培训。最后，我国的教育改革从未考虑过学生的个性差异，学生无权评价和选择学习的内容及教师，处在被动学习的状态，教学和学习的效益是不高的，特别是在发明和创造方面较差。在新一轮教改中，要变革管理体制，使教育有利于培养学生的创新能力。

第二节 高中学校转型发展文献研究

一、关于薄弱高中概念的研究

李辉、袁桂林的《美国薄弱高中改革模式多样化研究》提到近几十年来，美国公立高中一直为社会所诟病，其主要原因在于薄弱高中的大量存在。文章列举了美国教师联合会总结的薄弱学校的九个特征：缺乏学术标准；学生学业成就表现差；学校多年来没有改进；学校存在严重的混乱和暴力现象；学生缺席率高；教职员旷工率高；高辍学率；教职员流动性大；消极的学校氛围。①

李庆国的硕士毕业论文《薄弱高中学生有效管理的实践研究》认为薄弱高中是薄弱学校的一部分，“薄弱学校”是一个相对的概念。② 对薄弱学校的衡量标准是随着教育整体水平的提高和社会对基础教育要求的发展变化而不断变化的。非薄弱学校如果不注意改善办学条件和加强学校管理，若干年后可能会落伍为薄弱学校。反之，如果某一薄弱学校迎难而上，锐意进取，不断提高办学条件和教育教学与管理水平，该学校也很有可能后

---

① 李辉，袁桂林. 美国薄弱高中改革模式多样化研究［J］. 中小学校长，2014（1）：6.

② 李庆国. 薄弱高中学生有效管理的实践研究［D］. 济南：山东师范大学，2015.

来者居上而成为优质学校。作者将“薄弱高中”定义为：“在特定区域内，办学条件相对落后、教学质量相对较低、内部管理相对低效、师资水平相对不高、学生素质相对较差和社会声誉不高的后进高中学校。”

通过以上研究我们可以看出，无论是国内还是国外，在基础教育阶段，由于历史积累、政策调控、区域经济水平等原因，客观上形成了优质教育资源和薄弱学校之分。薄弱高中学校是相对于优质高中学校而言的，其办学条件、学生素质、师资水平等方面均无法与优质高中学校相比。

二、关于薄弱高中现状的研究

陈如平的《解开薄弱高中发展的“死结”》对于薄弱之源进行了阐述：一是办学条件说。相对众多老牌重点高中、示范性高中而言，薄弱高中的办学条件普遍较差。二是发展策略说。由内外部发展环境相对恶劣导致的发展视野狭窄、办学思想保守、发展思路模糊或定位不清，加上承受高考应试的压力和面对不甚理想的高考成绩，往往让薄弱高中苦不堪言、难以自拔，陷于“优质资源缺乏—管理方式落伍—高考成绩不佳—优秀生源无几”的怪圈之中。而对于如何发展薄弱高中的问题，只见到下决心大力改造等方向性规定，却缺乏实质、有效、指导性的发展策略。三是发展动力说。尽管不乏个别薄弱高中通过改革创新实现“咸鱼翻身”的成功个案，但从全国情况看，薄弱高中校长和教师的士气普遍不高，学校发展的内在动力和自信严重不足。①

邸伟娜的硕士毕业论文《农村薄弱高中存在的问题与对策研究》提到了农村薄弱高中的现状，一是学校经费短缺，基础设施跟不上；二是学校领导水平不高，管理机制不健全；三是师资力量薄弱，队伍不稳定；四是生源减少，素质下降。②

综上所述，可以看出形成薄弱学校的原因是多方面因素相互作用的结

① 陈如平. 解开薄弱高中发展的“死结”［J］. 基础教育改革动态，2015（3）：11-12.

② 邸伟娜. 农村薄弱高中存在的问题与对策研究［D］. 保定：河北大学，2013.

果。薄弱高中的存在，是一个不容回避和忽视的问题，它制约着整个中等教育阶段的改革和发展，影响着普通高中整体质量的提高。

三、薄弱高中转型发展机制的研究

因为普通高中的转型发展属于普通高中多样化发展的范畴，所以把薄弱高中转型发展机制的文献研究，放在普通高中的多样化发展、转型发展的框架内进行。

金瑛在《美国高中办学特色管窥——我对美国四所高中办学特色的思考》中介绍了美国费城学区的四所高中（Haverford 高中、Science 高中、Harriton 高中、Abraham Lincoln 高中）的简况和管理特色，以及对我国高中发展的启示。① 在学生管理中，四所学校均注重了纪律管理人性化，体现出惩罚严格、重视疏导、及时鼓励的特点。四所学校采取的管理措施非常值得借鉴和参考。

肖建勇的《论薄弱高中学校的管理》是根据现代学校管理的有关理论，结合作者多年的管理经验，论述了薄弱高中管理的一些具体措施。并指出薄弱学校要通过创新学校管理、定期举办活动、促进常规管理、遵循现代教育理念和让学生参与管理等做法，从而闯出一条适合自身实际的发展路径。②

李辉、袁桂林的《美国薄弱高中改革模式多样化研究》列举了当前美国薄弱高中改革中已形成的一些被广泛认同、采纳的改革模式，包括综合学校改革模式、双学分课程模式、小型学习团体模式、专业高中模式、特许高中模式等。③ 这五种高中改革模式效果显著，对我国高中多样化建设有着很好的借鉴意义。

---

① 金瑛. 美国高中办学特色管窥——我对美国四所高中管理特色的思考［J］. 中小学管理，2007（8）：51-53.

② 肖建勇. 论薄弱高中学校的管理［J］. 当代教育论坛（校长教育研究），2007（11）：19-21.

③ 李辉，袁桂林. 美国薄弱高中改革模式多样化研究［J］. 中小学校长，2014（01）：4-9.

宋庆清的《日本公立普通高中多样化改革研究——以东京都为例》提到1987年，中曾根政府的临时教育审议会提出：为使学生个性化成长，必须实现高中教育的多样化。[①] 1997年，东京都第一期《都立高中改革推进计划》中也明确提出了要“发展弹性而多样化的高中教育”。东京都以实现公立高中多样化为目标，创建“综合学科高中”“学分制普通科高中”“初高中一贯制学校”“科学技术学科高中”“国际学科高中”“挑战学校”重组新型公立高中。日本公立高中的改革有其经验，如普通高中多样化发展需要做好长远规划与总体布局；在教育行政集权的国家，公立普通高中多样化发展需要政府推动、普通高中多样化发展需要相关制度的匹配及评价的多元化等。但也有其教训，如要加强对高中多样化改革的宣传，以获得学生、家长和教师的认同；高中多样化改革中，政府必须投入相应的教育资源，加重了学校及教师的工作负担；在高中弹性化、多样化并不意味着放弃标准，放弃能力而一味迎合学生，不能把学生的满意度作为衡量多样化效果的唯一指标。

陈成忠的《普通高中培养模式多样化研究》提到了完善现有普通高中的课程制度，突破性创建新型普通高中——综合高中（创建普通教育科、创建职业教育科、创建学术教育科），特色高中等多样化发展路径。[②]

贝学问的《薄弱高中发展的思考与实践》根据新课程的价值理念和学校发展的实际情况，提出了相应的发展路径与策略。[③] 其中提到了通过品牌来提升和改变教育模式，促使全部成功的策略，即学校实施“特色课程”，把文化基础薄弱的学生全部送进高职院校的大门。培优课程：文化优秀者，高考进高校；特长课程：特长显著者，特长求发展，高一年级教授文化基础课程，高二分流，拓展艺体课程，通过艺术体育教育走进高等

---

① 宋庆清. 日本公立普通高中多样化改革研究——以东京都为例［J］. 福建教育，2015（37）：23-26.

② 陈成忠. 普通高中培养模式多样化研究［D］. 济南：山东师范大学，2013.

③ 贝学问. 薄弱高中发展的思考与实践［J］. 中学课程辅导（江苏教师），2014（4）：3-5.

学府；育能课程：引入职教课程，高一上学期开始分流学习专业，通过职业高考进高校或高职院校；AP 课程：在高中年级开设国外入学课程预备班，让外语擅长的学生找到新的发展点，通过国际交流，跨入高等学府；奠基课程：潜能未现者，扬长避短促发展，挖掘潜能求提高，终身发展先奠基，并进行自考辅导，对接成人高考课程，最终实现大学梦。

四、薄弱高中转型发展的新方向

赵书远、余绍平的论文《“普职融通”综合高中教育教学体系的实践研究》主要介绍了四川省阆中中学进行转型发展的教育实践。[①] 四川省阆中中学作为一所农村高中，同样面临其他农村高中的现实问题，优质生源大量外流，使得农村县域高中“拼高考升学率”的路子越走越窄，同时社会对教育需求的多元化趋势凸显，普职分离的办学体制越来越难以适应社会需求。这些因素长期困扰和阻碍着学校的可持续发展。四川省阆中中学校所进行的“‘普职融通’综合高中教育教学体系的实践研究”从满足学生多元化发展需求、适应区域经济社会发展入手，积极探索和实践“普职融通”综合高中发展模式，综合实施升学预备教育、艺体特长教育、职业专长教育，成功地走出了一条综合高中办学新路，较好地满足了学生、家长及社会的多元化教育需求，实现了学生升学与就业、创业的多种出路，解决了普职两类教育体制对立、高中阶段课程结构单一、普职两类教育功能单一的问题。这一改革为“高中多样化发展，探讨综合高中的培养模式”提供了成功范例和参照样本，具有重要的理论意义和现实意义。《教育科学论坛》的记者张泽科以《普职融通：开创综合高中发展模式》为题对四川省阆中中学的办学经验进行了整理报道。文中提到了所谓“普职融通”的综合高中，就是从当地经济文化和学生实际出发，设计多种可选择性的人才培养模式：在基本完成文化必修课的前提下，根据学生学习水

① 赵书远，余绍平．“普职融通”综合高中教育教学体系的实践研究［J］．教育科学论坛，2015（5）：34-36.

平、成长潜质、兴趣特长、成才志向，综合实施“升学预备教育、艺体特长教育、职业专长教育”三个课程板块；实行分层分流教学，搭建学生优化发展、成长成才、升学就业的“立交桥”，让不同结构层次的学生在高中阶段都能自主选择，获得最佳发展路径。

五、高中学校转型发展的路径

杨润勇、杨依菲在《我国普通高中发展二十年政策回顾与分析》对我国普通高中自 1989 年到 2009 年这二十年间的发展政策做了梳理，将普通高中的发展分为四个阶段：致力于普通高中调整改革阶段、关注普通高中规模扩充阶段、谋求普通高中打破发展瓶颈阶段、聚焦高中阶段普及发展阶段，并对各阶段政策特征进行了分析，发现普通高中的发展过程经历了最早的“边缘”位置到突出“重点”“规模”“改革”等政策主线，再到当前的适度规模、内涵发展、多样化办学阶段。[①] 刘福才通过梳理我国高中办学体制政策的变迁来明晰普通高中未来的发展路向，发现我国高中阶段教育的发展经历了由注重量的扩张到注重质的提升的过程，并指出市场机制对我国高中教育办学体制的多样化造成了很大的影响。[②]

对普通高中转型发展的政策分析主要集中在对政策文本的分析以及对政策环境的分析两方面。

在政策文本分析方面，陈志利《普通高中多样化发展：应为、实为与何为》对普通高中转型发展的政策内涵进行了概括，即“一个目的”（满足每个不同潜质学生的发展需要），“两个维度”（办学体制的多样化与培养模式的多样化），“三个问题”（大班额、教学质量下滑、模式的单一与同质化）和“四种途径”（与高校联合的创新人才培养、普通高中特色办

---

① 杨润勇，杨依菲. 我国普通高中发展二十年政策回顾与分析 [J]. 教育理论与实践，2010（19）：23-27.

② 刘福才. 我国普通高中办学体制的发展路向 [J]. 教育研究与评论（中学教育教学版），2011（12）：92.

学、普职融通、建设综合高中)。[①] 张力指出了普通高中转型发展是全球教育多样化的体现，并在整体分析我国各阶段高中教育政策及当前《教育规划纲要》的基础上，把《教育规划纲要》对推动普通高中转型发展的总体要求进一步切分为“探索和发现培养创新人才的途径”“在普通高中渗透职业教育元素”两大主要途径和多种提供方式。[②]

在政策环境分析方面，李国伟、王飞对普通高中转型发展的政策环境作了法律体制环境、经济市场环境、社会文化环境等方面的分析，并据此提出了优化普通高中转型发展政策环境的建议。[③]

尽管在政策层面上并未加上薄弱二字，但是通过国家对普通高中一系列的政策来看，关注高中的转型发展，多样化办学走向已经得到了政策的大力支持。

综合来看，与“薄弱高中转型发展的研究”在以下问题上已经基本达成共识，为进一步研究奠定了良好的基础。

第一，薄弱高中的大量存在的确严重影响着我国基础教育的均衡发展和教育公平的实现。

第二，多样化是普通高中培养模式的必然选择。我国普通高中教育培养模式单一化带来的是普通高中教育质量的低下。高中大众化时代的教育需求是多样化的，普通高中教育培养模式也必须抛弃单一性，走向多样化发展的道路。

第三，薄弱高中要努力闯出一条适合自身实际的发展之路，发挥自身的特色优势，适应时代需求，使不同能力和兴趣的学生都获得最适合自己的发展、适合个性化发展的教育。

第四，“普职融通”综合高中的创办成为薄弱普通高中转型发展的一

① 陈志利．普通高中多样化发展：应为、实为与何为［J］．教育理论与实践，2014（5）：14-17．

② 张力．推动普通高中多样化发展的政策要点［J］．人民教育，2011（1）：3-7．

③ 李国伟，王飞．推动普通高中多样化发展的政策环境分析［J］．现代中小学教育，2014（2）：4．

条重要路径。部分薄弱高中在办学过程中实行并举，特长教育、基础教育并重，升学培养、就业培养并行，特长人才、技能人才并出的办学模式极大地调动了学生的积极性，多样化的教育为学生提供了多种选择教育的机会和多种成才可能。

尽管研究已经很多，但在以下问题的研究上还比较薄弱，或没有形成一致的观点，需要开展进一步研究。

第一，在高中教育大众化、普及化背景下，薄弱普通高中转型发展的机制、路径研究还不够丰富和不系统，成功转型的典型案例还较少。

第二，对薄弱高中的学生和家长的现状缺乏调研，没有全面了解学生的具体特点及家长的真实想法，没有真正摸清楚存在的问题。

第三，没有系统地对学生的未来人生规划和职业性向进行分析，开设课程一味地迎合学生兴趣，对学生的人生规划和职业规划缺少指导。

薄弱普通高中转型发展有三种机制，即普职结合的机制、专业特长的机制、综合高中的机制。

（1）普职结合的机制

第一种是校内“普职结合”方式。主要有三种模式：一种是“校本模式”，即通过本校教师转型，在原来课程体系的基础上增加职业教育的内容，普通高中独立完成普职课程结合；另一种模式是民办模式，即学校引进社会力量完成职业教育的内容；还有一种是公办民助模式，即普通高中利用社会资源完成职业教育。

第二种是学校间的“校际结合”方式。也有三种模式：一种是学生不动，教师走校；另一种是教师不动，学生走校；还有一种就是混合式“选课走校”教学。

第三种是普通高中与高校间的“校院结合”方式。既是有条件的普通高中借助高校、科研院所的人力、物力、教育、信息等资源完成职业教育，同时也是帮助高校选拔适宜的人才。

第四种是普通高中与企业间的“校企结合”方式。其本质还是利用社会资源完成职业教育。

(2) 专业特长的机制

包括自主招生、对口单招、单独本科、个性化成长订制等。

(3) 综合高中的机制

普通教育与职业教育一体化已成为世界各国普通高中办学模式改革的共同趋势，顺应国际普通高中改革的潮流，使综合高中逐步成为我国中等教育学校的基本模式或重要模式，也是薄弱高中转型发展的重要选择。

第三节 现代化高中学校管理理念

现代化高中学校管理规范化、合理化是教学质量的有力保障。要想为学生提供适宜学习的环境以及为教师提供安心教学的环境，都需要学校在管理上做到实处，让学生和教师都满意。但是，在现在的高中学校管理中存在很多问题，使得学生和教师都不能感到十分满意，因此需要在人本管理理念下对高中学校管理进行改革。

一、以学生为本，人性化管理

学校是让人接受教育和学习知识的地方，高中学校也不例外，如果能够将人性化管理引进学校管理当中，可以让学校硬性管理的条条框框变得更加柔和，也是构成现代化学校管理的一种重要思想。这是因为学校的主体应当是学生，高中学校在管理当中应该以学生为本，尊重学生的实际需求，能够广泛地听取学生对学校的各种建议，从学生内心激发他们遵守学校各项规章制度的信念，只有这样才能算是成功的学校管理。

首先，高中学校不应该是“大学生”制造工厂。高中学校应该是学生们学习、生活、健康成长的地方，学校不能为了提升升学率而牺牲学生的利益。在与学生切身相关的问题上，应当充分听取学生的意见，尊重学生的要求，在综合大多数学生的意见之后再进行决策。

其次，要建立具有实际意义的学生自治组织。通过丰富多彩的活动来锻炼学生的组织与管理能力，特别是学生会这样的组织，应当让其在学校管理当中发挥实际的带头作用，将学校的管理与建设变为己任，才是更加民主的学校管理模式。

二、打破管理界限，调动教师积极性

正因为高中学校管理是一项综合性事物，学校是学校所有人的学校，教师更是里面重要的成员，他们也有权利参与到学校的管理当中去，而不仅仅是传道授业者。可以从以下几个方面调动教师参与学校管理的积极性。

第一，在学校的班级管理当中，班主任应当与任课教师紧密配合，应当尊重班级任课教师的意见，将班级的管理权限与任课教师共享。让任课教师可以根据自身实际情况以及学校实际需要来权衡自己的教学任务，在任课班级的选择上更多的体现公平公正的原则，对年轻教师和资历较老的教师一视同仁。

第二，还要发挥教师主人翁的管理态度。只有让学校所有的教师都意识到自己是学校管理的一分子，而非旁观者，积极为教师参与学校管理和建设开辟新的道路，才会激发他们教学与参与学校管理工作的热情，让原本在学校管理上捉襟见肘的情况变得更加的游刃有余。

三、发扬民主精神，合理制定管理规范

学校管理需要一定的规章制度来约束，除了要赋予学生、教师更多的管理权限外，还需要完善高中学校管理的各项条例，才能更好地约束教师与学生的各种行为。这是因为人本管理并不是让学生和教师完全按照自己的心意来行事，而是应当在学校的管理规范的约束之下。在制定管理规范时应当发扬民主精神，充分听取学生和教师们的意见，制定出的管理规范应当照顾各方面的需要。因为学校的学生并不是固定不变的，每一届的学生都有自己的特点，所以，学校的管理规范也应当在大原则不变的前提

下，定期的面向学生和教师征求意见，然后做出相应的修订。只有在让人信服的管理规范的保障下，学校的管理才能够稳定的运转下去，人本管理的理念才会更加的深入人心，才能真正实现现代化高中学校管理的有效运行。

四、以人本为视角，积极探索学校管理新理念

随着时代的进步，学校管理理念也在不断更新与发展，越来越多的学校管理理念出现在人们的视野当中，只有将更多先进的管理理念和思路应用到实际管理当中，才能让传统的学校管理模式焕发新的生命。因此，针对现阶段高中学校管理的不足之处，应该以人本管理的理念为基础，按照学校实际情况，将更多的柔性化、人本化管理运用到学生和教师的实际管理当中，能够更好地促进整个学校管理体系建设的健康发展，这也是学校管理与时俱进的一种重要体现。

第四节 高中学校管理的问题与方法

一、高中学校管理的问题

在当前的高中学校里存在很多类的管理问题，这些问题使得学校的教师和学生对学校满意度不高。最为关键的是以下几点：

（一）管理方式两极化过于严重

不同的高中学校选择的教育方法也不同，这种差异就会造成学校的管理方式表现为两极化。

这两种表现方法主要分为两方面，一方面，有些学校对学生的管理是“严格封闭”型。学校采用“封闭式”管理方式进行教育教学，在学校住宿的学生是不允许自由出入校门的，外来人员不能随便进入校园。在这样的封

闭式管理教育中可以有效地保证学生学习的质量，但是它也有很多的副作用。比如，在封闭式管理中，学校把学生的时间、空间都作出了严格的规定，学生就会感到有约束、没有自由，在心理上也产生一个“要学习好”的巨大压力，在这种压力下，学生“被动”感逐渐强烈，对学习渐渐丧失了兴趣。所以这样的管理方法不利于学生主动发展，不利于学生健康发展。

另一方面，有一些学校对学生的管理是“放任自流”型。采用这种管理方法的学校一般教学质量也表现为较差，这类学校没有形成一个良好有效的管理模式，使得学校教学质量低下，高考升学率低。学校在管理方面上没有运用科学的管理模式，特别是没有对学生的学习进行有效管理。对学生在生活习惯、学习态度、行为表现等方面表现出来的“问题”，学校也没有一个行之有效的解决办法，显然这样的管理方法也不会让学生有一个好的学习环境。

（二）学校没有满足学生的需求

在学校的管理上主要的针对对象是学生。学校管理的重点是要满足学生全面而有个性的发展需求，但是这一点在现在一般的高中学校都没有得到很好的解决。无论学校做什么样的管理，学生都是被动的一方，他们被动地去接受学校的管理制度，没有机会去参与学校的管理活动。可以说现在的高中生除了学习之外没有更多的选择权利，学校在管理层面不去听学生的意见，以至于有些学生的合理需求都被学校忽视了。即使有的学校说尊重学生的主体地位、尊重学生的选择，也只是存在于理论基础上，不会具备现实的实用性。例如，在学校的分班、班级调座位、老师进行讲课中都没有听取学生的意见，学生只能被动地去接受学校的安排。即便学校的出发点是好的，是为了学生，但也要给学生一些民主的权力。

（三）普通教师不在管理体系内

学校管理体系的建立是一个系统工程，教师、学生与领导都是这个管理体系中的一员。在多数高中学校的管理当中都是采取领导负责制，具有管理权限的是学校的各级领导，而占学校教师绝大多数的普通教师在学校管理和学生管理上并没有较大的发言权。这就导致了在高中学校管理中，不能广泛地听取一线教师的管理意见，造成学校管理方面存在局限性。以一个班级管理为例进行分析，班级的所有具体事务都是由该班的班主任来负责，任课教师只限于在自己的课堂上来约束学生；具体到对班级的管理上，任课教师只能向该班的班主任提意见，自身并没有干涉班级事务的权限。在学校管理层面，在决定任课教师具体负责哪几个班级的教学任务时，任课教师也是身不由己，只能服从学校的安排，这些都显示出学校管理体系建设方面的薄弱，也是造成高中学校管理问题突出的一个重要因素。

二、高中学校管理的方法

学校管理方法是学校管理者为了实现学校管理目标，开展学校管理活动所采取的各种手段、措施和途径。学校管理方法受一定的教育思想理论指导，遵循学校管理原则，并与学校各项工作的内容相适应。实践证明，管理方法正确恰当，学校管理工作就事半功倍；反之，必然适得其反。可见，研究学校管理方法，掌握其客观规律，对于提高学校管理的功效，具有十分重要的意义。

（一）行政管理方法

行政管理方法是指学校管理者依靠行政组织的权威，运用命令、规定、指导等手段，按照行政系统进行管理的方法。其实质是通过职务和权力进行管理，上级对下级有指挥控制的权力，下级对上级有服从命令的义务。

学校的行政管理方法有三个特点。一是权威性。学校管理方法有效性的大小，在很大程度上取决于学校领导者权威的强弱和大小，权威越高，员工接受率越高，行动越迅速，上下沟通越正常，反之亦然。就机构而言，权威大小取决于层次的高低；就领导而言，权威大小取决于位置权力和自然权力两个因素。二是强制性。强制性是指下级对上级组织和管理者所发出的命令、规定、指示必须无条件地服从。如果上级决策有误，并造成一定后果，应由上级领导者承担责任；如果下级对上级组织和管理者发出的命令、规定和指示不服从、不执行，或者阳奉阴违、敷衍了事，学校领导者有权做出制裁性处理，甚至给予行政处罚。三是垂直性。垂直性指的是行政命令、指示一般通过学校组织系统自上而下、纵向垂直逐层下达，下级只接受上级直接领导的指示，不接受任何横向指令。由于垂直性的组织关系，行政命令的对象和内容都具有鲜明性和具体性。

学校管理中运用行政管理方法要注意以下几个方面的问题：

第一，正确对待权威问题，反对独断专横和家长式作风。行政方法带有强制性，但不等于强迫命令，独断专行。运用此方法时，要审慎从事，不可滥用。运用得当，行政负责人的威信会随之而提高；反之，则会造成相反的后果。

第二，行使的主体是行政组织和行政负责人。行使行政管理方法的主体只能是行政组织和行政负责人，党团组织和工会都不能行使。在学校管理活动中，任意扩大行政管理方法的权威和滥用行政管理方法，都将产生不良的后果。因此，必须限制其使用范围，科学运用行政管理方法。

第三，发扬民主，健全咨询、监督、反馈制度。行政管理方法必须建立在客观规律的基础上，符合并反映客观规律的要求；必须从实际出发，符合师生的意志。正确的方法一定是从群众中来、到群众中去，实行领导与群众相结合，只有充分发扬民主，建立健全咨询、监督、反馈制度，才能真正提高学校管理的效能。

（二）思想教育方法

学校管理的思想教育方法是指用传授、宣传、启发、诱导、沟通等精神力量提高教职工的认识，影响教职工的情感和行为的方法。这种方法是一种最基本、最经常，也是一种最行之有效的学校管理方法，是保证学校的办学方向、提高教职工的认识、激发他们的积极性、推动学校工作的重要手段。

学校管理的思想教育方法有四个特点。一是启发性。这种方法不是以势压人，而是以理服人、以情动人。用正确的价值观可引导受教育者、启发受教育者，使之通过思考，真正产生发自内心的动力，服从真理和科学的意志行动。二是长期性。人们思想的转变不是一朝一夕能够奏效的，正确的世界观、人生观、价值观的形成非一日之功，解决人的思想问题也不可能一蹴而就，因而思想教育方法是一个慢功夫。三是广泛性。思想教育的方法广泛运用于学校管理的各个方面，贯穿于学校管理工作过程的始终，学校管理中各种方法的有效运用，都离不开思想教育方法的积极配合。四是灵活性。人的个体意识和社会意识的发展是不平衡的，必须根据对象的不同、思想层次的不同和心理素质的不同，灵活多样地进行教育。

学校管理中运用思想教育方法要注意以下几个方面：

第一，思想教育必须废止那些强迫命令、教条化的说教方式，而应该采用教职工喜闻乐见的形式，运用讨论、协商、启发的民主方法，把广大教职工吸引到思想教育中来，使他们成为思想教育的主人。

第二，要理论联系实际，解决实际问题。不摆事实、不讲道理的做法不仅不能解决实际问题，反而挫伤人的积极性，与思想教育工作的目的、任务是背道而驰的。只有理论与实际相结合，才能使思想教育的效果在较长的时间内产生积极的影响。

第三，思想教育是一门科学，更是一门艺术。人的性格、个性千差万别，这就要求学校管理者针对师生的思想实际，因时、因地、因人地灵活变换；要坚持尊重人、关心人，切实做到以理服人。

第四，要把表扬和批评相结合，并以表扬为主。表扬和批评相结合是教育的有效方法，是调动师生积极性的动力。正确使用表扬和批评，可以对人的发展产生积极的作用。因此，在学校思想教育中，应该坚持以表扬为主，同时辅之以批评的方法和手段。

（三）经济管理方法

学校管理的经济管理方法是指运用经济的手段来管理学校的方法，主要是通过工资、津贴、奖金、罚款等物质刺激的方式，来提高教职工的主动性、积极性和责任感。这种方法的实质在于贯彻物质利益原则，调动全体教职工的积极性，多劳多得、少劳少得、不劳不得。

学校管理的经济管理方法有四个特点。一是利益性。经济管理方法把学校教职工从学校得到的物质利益与工作绩效联系起来，对教职工本身工作是一种评价，对他们的积极性和创造性具有重要影响。二是平等性。学校运用经济管理方法，是按统一的尺度来计量和分配经济成果。各种经济手段的运用，对同样情况的部门和个人起相同的作用，它对部门和个人所获得的经济利益的权利是平等的。三是间接性。经济管理方法不直接干预和控制学校教职工的行为，它通过对物质利益和物质关系的调节来间接干预、影响人们的行为，从而实现管理的目标。四是多样性。经济管理方法在学校中的运用是多种多样的，有工资、奖金、经济承包责任制等多种手段，学校管理者可以根据学校的实际情况灵活运用。

学校管理中运用经济管理方法要注意以下几个方面的问题：

第一，要体现按劳分配的原则。运用经济管理方法，是通过各种不同的经济手段，如工资、奖金、津贴、罚款等，组织和调节各方面的经济利益关系，探索合理的按劳分配形式，体现我国的社会主义物质利益原则，从而调动学校教职工的主动性、积极性和创造性。

第二，要注意讲求效益。对在学校管理中所实施的经济手段，要以它对学校实际工作所产生的影响和结果为标准，坚决反对浪费，树立经济效果最优化的观念。

第三，要坚持奖惩相结合的原则。在学校管理的过程中，运用经济管理方法，必须坚持奖惩相结合的原则，做到“论功行赏，赏罚分明”。但同时也必须慎重对待，把握限度，克服“一切向钱看”的不良现象。

（四）法律管理方法

学校管理的法律管理方法是指按照国家有关的法律、法规、条例、章程以及学校根据上级指示精神拟订的规章制度来管理学校的方法。国家颁发的教育法律、法令、条例、行为规范等是管理学校的重要根据，学校根据上级文件制订的各项规章制度也是管理学校的重要手段。

现已公布的与教育直接有关的法律文件如《中华人民共和国义务教育法》《中华人民共和国未成年人保护法》《中华人民共和国教师法》等，要认真学习和宣传。要学会运用法律手段来保护学校和师生的合法权益。合理使用法律的方法，能够保证教育方针的贯彻执行，确保教育的战略地位，能够保证学校管理系统自动有效地运行。同时，进行教育立法，使学校管理有法可依、有章可循。统一认识、统一行动，有助于提高学校的工作效率和管理效益。

学校管理的法律管理方法有三个特点。一是强制性。有关教育的法律、法令、条例等规范性法律文件是由国家权力机关授权，各级教育主管部门依照法定程序制定并颁布实施的，学校内部的各类人员都必须遵守，否则可以依法进行制裁。二是规范性。首先，法律、法令、条例等规范性法律文件的语言表述十分严谨，只能做出一种意义的解释。其次，法律面前人人平等。三是稳定性。法律的制定、实行、修改和废止都必须按照严格的法律程序进行，任何组织或个人都不可随便更改，所以，法律一旦制定，就具有相对的稳定性。

学校管理中运用法律管理方法应注意以下几个方面：

第一，要加强法制观念和法制知识的学习宣传，做到知法、懂法、守法。在学校日常管理中，“以言代法”“以人代法”“以权代法”还时有发生，所以，学校的管理者要熟练掌握学校教育有关的法律条文，并组织教职工认真学习、宣传和贯彻，真正提高每个人的执法、守法的自觉性。

第二，要进行法制教育，树立依法治校的观念。过去，学校管理者不善于运用法律的手段来管理学校，重人治、轻法治，这是和现代管理原则相违背的。加强法制教育，发挥法律的指引和教育功能，使每个人自觉遵守法律、法规、政策，自觉地依法治校，依法进行管理，不仅是学校管理者的首要职责，而且还是对他们自身政治思想素质的基本要求。

第三，要以身作则，遵纪守法，严格依法办事。法律管理方法是否能在学校管理中真正发挥作用，在一定程度上取决于是否能够真正做到“有法必依，执法必严，违法必究”。学校管理者更要以身作则，率先垂范，在管理过程中坚持“法律面前人人平等”和“以事实为依据，以法律为准绳”的原则，依法保护学校和师生的合法权益，对违反教育法律法规的行为必须严格处理，维护教育法律的严肃性和权威性。

以上是学校管理的基本方法。在实际工作中，可以根据这些管理方法大胆创新。

第二章

现代化高中学校管理

在当前教育现代化的大背景下，人们对高中学校的管理能力提出了越来越高的要求，高中学校管理是在不断创新发展的，包括课程体系、教师管理、学生管理等内容。

第一节 高中学校管理创新研究

学校的管理必须与学校的现实情况相适应，并与当今社会发展的趋势相适应。现如今，高中学生以及学生家长对学校的需求朝着全面化和专业化的趋势发展，社会对高中学校的要求也日趋严格，所以高中学校想要适应新时代的需求，就需要对自身的管理机制进行创新，使高中学校在新时代获得更好的发展。

一、理念创新是管理创新的源泉动力

学校发展是学校生命力的体现，管理创新又是学校发展的前提和基础。联合国教科文组织早在《学会生存》的报告中指出：“应当培养人的

自我生存和发展的能力，促进人的个性全面、和谐的发展，将其作为当代教育的基本宗旨。”学校发展与管理创新，首先体现在校长与领导班子的理念更新、体现在办学思想的先进与鲜明上。

理念更新是学校改革的前提条件。当今社会的发展强调科学精神和人文精神的统一，要在可持续发展的大背景下，对学校教育的一系列根本性问题重新进行审视和思考，形成能体现时代精神、符合现代教育发展使命、指导新学校教育构建的观念体系。

新的人才观，将基础教育的价值定位在“未来性”“生命性”和“社会性”的基础上，注重人才培养的未来性、生命性和社会性特征；倡导终极关怀，促进人的全面、和谐和可持续发展。

新的学校观，服从和服务于师生的成长需要，使学校成为师生生命历程中美好情感发生、自身价值体现的精神家园。

新的学习观，把学习看作是一个学生主动建构的过程，强调学生的心智发展和人格的陶冶；强调学习的个体意义和合作对话；倡导自主、合作、探究学习，培养学生的综合实践能力和创新意识。

新的活动观，注重在动态的师生活动中共同发展，满足师生成长的多方面需要；关注教育活动的情境生动性，在科技、艺术、体育、娱乐活动中体现生动活泼、多姿多彩的生命本原。

二、科学理论是制订发展规划的基础

学校发展规划是指通过一些优化的方案来调适组织与环境之间的关系，不断改善办学条件；是通过调动多方面的资源和能动性，加强校本管理，来满足社会多方面的需求。

学校的发展规划必须秉承该校的办学思想，以争创国家示范高中为办学目标，在“以人为本、主体创新”的管理理念和自主发展的管理模式下，以学校的历史文化底蕴为载体，以现代教学改革要求和周边教育形势的发展为支撑，构建以文化型见长的学校发展规划。办校规模不断扩大，在规划的整体化、序列化、品位化方面给学校发展增添新的生机和活力。

随着社会的发展，学校教育已经开始了从单向度知识传递到多向度文化融合的历史性变革。教师的专业发展、学校文化和办学特色的彰显，在很大程度上决定了学校发展的高度，决定了学校发展的内涵。未来的学校发展，是学校每个成员、每个方面的协调、统一的自主发展，是学校文化、教育品位、教育质量的综合体现，必须是学校教育哲学、教学方法、课程设置、教育管理、校园文化的综合，这对学校发展的个性化将提出更高的要求。

三、自主发展是校本管理创新的方向

管理是整合，管理是协调，管理是服务，管理更是挑战。高中学校一般经过多年经营与精心办学，在形成学校组织文化、促进教师专业发展、促进学生身心健康成长方面做了积极的探索，努力提升教与学的境界，扎实开展好校本教研、校本培训和校本管理的创新发展，建立和完善校本管理体系，致力于建构师生群体发展平台。

学校管理者要思考是：学校管理是以科学规划为先导的系统工程；学校管理是以目标激励为机制的自主发展过程；学校管理是以有效沟通、协调与控制为中介的终极关怀；学校管理是以促进师生生命个体健康发展为载体的人文大课堂。

四、创建特色校园是教育个性发展需要

当一个学校确立起主体教育观的时候，伴随着主体教育发展的主旋律，矗立起来的必须是学校文化风格、学校个性特色。倡导特色校园，是现代教育尊重并高扬教师和学生主体性的必然趋势，是学校发展的个性风格、文化品位和人才培养的必须要求。据此，才能形成全校师生共同追求的奋斗目标，学校才有自我超越、追求卓越的可能，学校的凝聚力、吸引力、向心力和感召力才会增强。学校以创建特色校园来整合学校各项工作，扎实推进素质教育，形成学校的办学特色，努力使学校成为教科研基地、教学改革的先锋。

创建平安校园，将平安学校的创建与学生行为规范教育、学科教育相结合，以整治周边环境来净化校风、学风，推进学校心理健康教育和省级绿色学校的创建，健全学校、社会、家庭三结合的教育管理网络。

创建学习化校园，适应现代学习化社会的需要，营造终身学习氛围。以学校校友、院士、名人的人文素材涵养学生的人文精神；创建省级实验室、图书馆、档案馆，将学校教科研定位于应用研究领域；利用高中新课程改革的契机，加强学习和研究，培养师生终身学习的良好习惯。

创建信息化校园，加快信息化应用与发展的步伐。完善校园网管理平台，发挥网络教育的优势；统筹各类教育资源，将计算机网络技术引入教学、科研、管理和学习各个领域；加强课题的实验研究和成果推广，基本建立适应课程改革要求的信息化管理模式。

创建人文校园，优化育人环境。加强课程文化建设，利用学校课程资源，建构富有特色的课程文化；加强课堂教学的各项人文素养的渗透和教育，开展学生社团活动和各种文艺体育活动，使学校真正成为学生净化心灵、涵养情操的精神家园，展现出高水平的教育质量与环境。

五、开发校本课程是课程管理的有效途径

校本课程开发是以国家和地方课程纲要的基本精神为指导，从学校自身的特点、条件和办学特色出发，以满足学生需要和体现学校办学理念为目的，由校内外力量广泛参与的课程开发活动，是一个持续和动态的课程改进过程。

从教育发展的层面上看，以学校为主体，充分利用学校与社区教育资源的校本课程开发，是教育制度内权力与资源的重新配置，体现出我国教育的开放性和民主性。

从学校发展的层面上看，学校要实现“自主发展，做可持续发展的现代中国人”这一育人目标，除了落实好国家课程和地方课程外，应有自身的办学思路和风格，而校本课程的开发有利于这一目标的实现。校本课程的设计、实施和评价都是由学校教师来承担，使教师与其工作效能直接发

生关系，这必将有利于教师专业精神、专业技术的提高，有利于教师个性特长的发挥，有利于造就一支专业素质和理论水平较高的教师队伍。

从学生发展的层面上看，具有实践性、综合性、可选择性的校本课程有利于实施素质教育，促使学生的全面发展、自主发展和个性发展，弥补了国家课程中综合性、实践性不足的缺陷。校本课程与德育目标的融合，有利于学生价值判断能力的提高和情感机理的改善，有利于学生基本品质的日臻完善。

第二节 高中课程体系管理研究

一、课程体系的要素和结构

除课程理念、课程目标、课程内容、课程组织、课程结构、课程实施和课程评价等课程建设的常规要素之外，学校课程体系建设还需对学校课程背景、办学核心理念、学生培养目标、课程更新等要素着重关注。其中，学校课程背景是学校课程体系建设的前提和基础工作，是建设学校课程体系的缘起所在。它是将课程背景的整体分为各个部分、方面、因素和层次，并分别加以考察，找出它们的本质属性和彼此之间关系的认识活动，其目的在于细致地寻找能够解决课程问题的主线，并以此解决课程问题。[①] 学校办学核心理念和学生培养目标是学校课程体系建设的灵魂，是一切建设工作的出发点和落脚点；课程更新是学校课程体系建设坚持学校本位的保障，是坚持落实学校核心办学理念和学生培养目标的实事求是的需要。

---

① 上海市教育委员会教学研究室. 学校课程计划编制实践指南［M］. 上海：华东师范大学出版社，2014.

就学校课程体系各要素间的关系来看，学校课程背景作为前提性因素，是其他所有因素之所以是这样而不是那样的缘起；学校办学核心理念和学生培养目标是除学校课程背景之外的其他要素的灵魂和统帅；课程目标、课程内容、课程组织、课程实施、课程评价和课程更新等是办学核心理念和学生培养目标的贯彻和体现。基于此，再结合当前基础教育课程改革规划的“学习领域—学科（课程）—模块”的课程建设方式，以及各课程在达成学校办学理念和学生培养目标中的地位，学校课程体系结构的纵切面为：理念层（办学核心理念）、目标层（学生培养目标）、学习领域层、课程层、模块层（分类模块和分层模块）、实施层、评价层和更新层；横切面为：如基础类课程、拓展类课程和探究类课程等类似的课程类型或学习领域。如图 2-1。其中，纵切面各层次之间首先呈现出从理念层、目标层直到评价层的垂直贯穿关系，其次表现为学习领域层、课程层、模块层与实施层、评价层的双向贯通反馈的关系；横切面呈现出以基础类课程为基点，拓展类课程侧重对这一基点做面上的扩展，探究类课程着重对这一基点的某一部分做纵向的延伸。

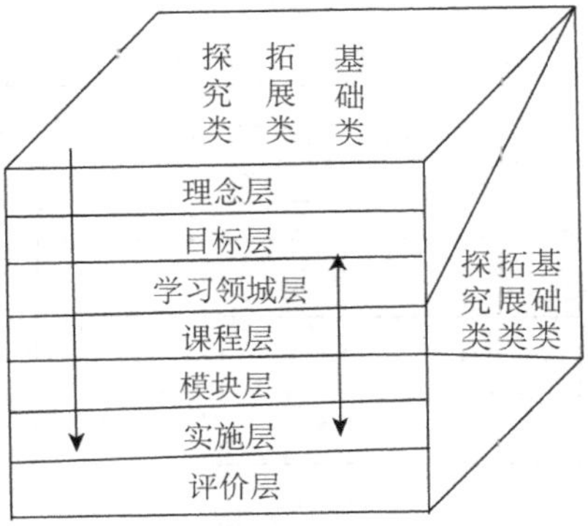

图 2-1 学校课程体系的结构

二、学校课程体系的类型

借鉴校本课程开发活动类型的划分经验，依据建设的动因，学校课程体系可分为学校内部自发建设和回应外部指令建设两大类型。前者是指学校课程体系建设是由学校内部成员自行发现问题，主动寻求解决问题的对策，开发课程，建设学校课程体系；后者是指基于上级教育行政部门的要求或学校外部的压力，学校被动作出的反应。依据学校课程体系与国家课程体系的关系，可分为在全国课程体系范围内的建设和在自主创新课程体系范围的建设两大类，如表 2-1。

表 2-1　学校课程体系的类型

在全国课程框架内	选用全国课程方案
	调整全国课程方案
	进一步开发全国课程方案
自主创新课程框架	做短期的即时性的课程创新
	做长期的课程创新

依据学校课程体系在学习领域和课程层面建设的方式，它可分为课程新编类、拓展类、补充类、整合类、改编类、选择类，如图 2-2。

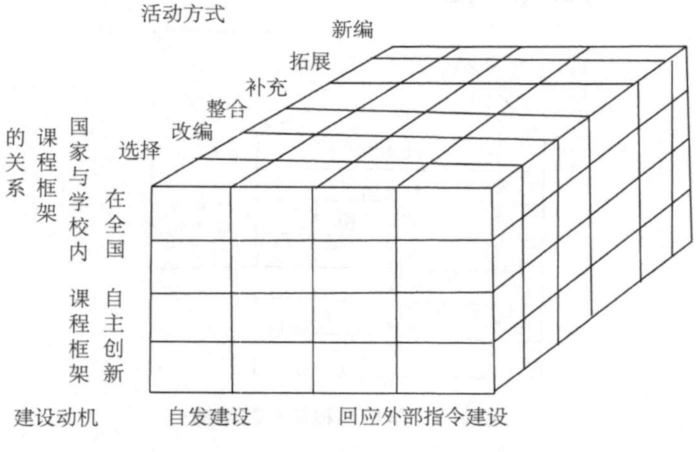

图 2-2　学校课程体系的类型

依据学校课程体系横切面即课程间的关系，学校课程体系的类型可分为：基础类型包括树状型和块状型，复合类型包括树状—块状型和块状—树状型。

（一）基础类型

1. 树状型

课程间具有主干和枝叶的关系。主干课程作为具体学段的基础课程，把公认的基础知识、基本能力和良好习惯、健康情感作为主要内容；枝叶课程作为具体学段的辅助课程，它体现着社会发展的某种趋势和学生个性发展的某种需要。如图 2-3。

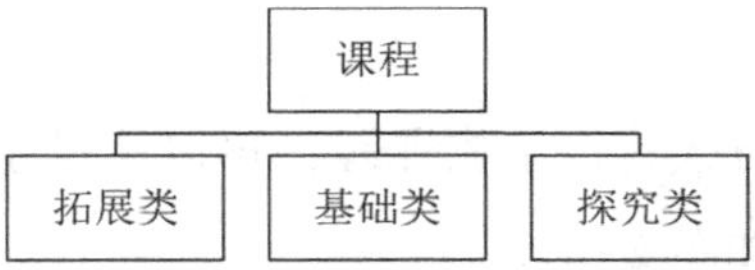

图 2-3　学校课程体系的树状类型

2. 块状型

根据学科结构理论和智能结构理论，把课程设置成模块，根据办学核心理念和学生培养目标的需要，对各课程模块进行拼搭，其中，模块间是独立、并列的关系。如图 2-4。

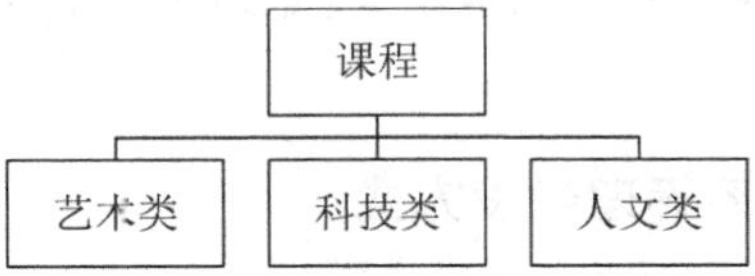

图 2-4　学校课程体系的块状类型

（二）复合类型

1. 树状—块状型

先以主干课程和枝叶课程的方式建设学校课程，再以设置模块的方式建设主干课程和枝叶课程，如图 2-5。

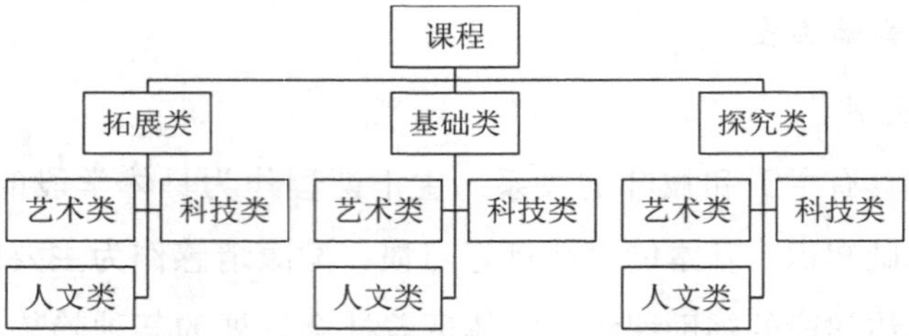

图 2-5　学校课程体系的树状—块状型

2. 块状—树状型

先以设置模块的方式建设学校课程，再以建设主干课程和枝叶课程的方式设置模块课程，如图 2-6。

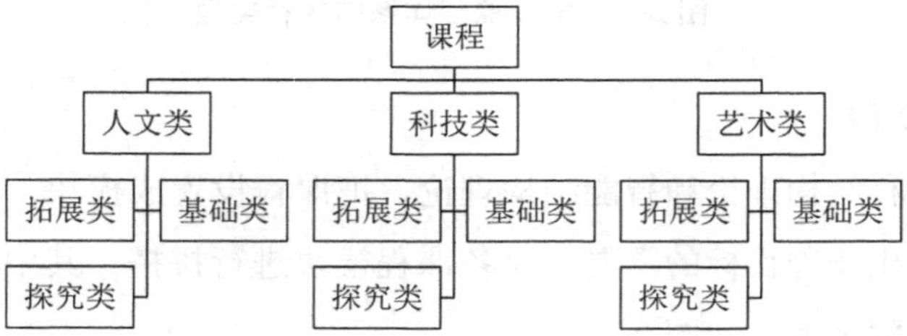

图 2-6　学校课程体系的块状—树状型

三、学校课程体系管理建设方式

学校课程体系的建设涉及从办学核心理念的提炼、学生培养目标的确立到课程的管理、实施和评价等多个方面，其中既有宏观的学校课程的建设，也有中观的具体课程的开发，还有具体课程内容的呈现和实施。在建设方式上它们也是各有侧重，各有所属。一是假定学校的办学核心理念和学生培养目标既定；二是侧重从学校课程体系整体的角度，弱化从学校课程体系建设具体方面的角度展开讨论；三是包括了学校课程开发的方式、学校课程体系化的方式和学校课程体系实施的方式三个方面。

（一）学校课程开发方面

1. 课程内容的更新

吴刚平提出校本课程开发的活动方式包括课程选择、课程改编、课程整合、课程补充、课程拓展和课程创编。其中，课程选择是指从众多可能的课程项目中决定学校付诸实施的课程计划的过程。课程改编是指针对与原有课程准备对象不同的群体进行的学程上的修改，或者根据课程内容、结构安排等的不同理解而进行的调整。校本课程开发中的改编主要是指教师对正式课程的目标和内容加以修改以适应他们具体的课堂情景。课程整合是指超越不同知识体系而以关注共同要素的方式来安排学习的课程开发活动。课程补充则是为了提高固定课程的教学效率而进行的课程材料开发活动。课程拓展是指以拓宽课程的范围为目的而进行的课程开发活动。课程创编是开发一种全新的课程单元。①

2. 课程内容的提升

借鉴北京十一学校的做法，它把具有严密逻辑体系的数学、物理、化学和生物课程，按照课程难度进行分层设计；把不具有严密逻辑关系的语言类的语文和外语课程，按照主干课程+补弱类和提升类自选课程模块进行分类设计；把与国家信息技术和通用技术必修要素有关的技术课程，根据行业门类，进行专项设计；把单一的艺术专业技能技巧的训练，需要通过体验才能获得的知识，如政治、历史、地理和生物中相关的课程内容，需要动手实验的课程内容，分别综合设计为个体的技能学习和团队合作、交往、妥协品质的培养的戏剧课程，综合主题形式的游学课程，综合专题、项目研究形式的高端科学课程。

此外，还设计了专门满足极个别学生的特殊需要的书院课程。在所有这些课程中，分类与分层、专项与综合相互交叉，分类中有分层，分层中有分类，专项中有综合，综合中有专项。

（二）体系化方面

1. 体系化的细化

学校课程体系建设既需要实现其纵向上的各层面间的贯通，特别是学习领域层、课程层、模块层等对办学核心理念和学生培养目标的落实，也

① 吴刚平. 校本课程开发［M］. 成都：四川教育出版社，2002.

需要学校课程体系横向上各层面间的联结。而实现这些的前提是办学核心理念、学生培养目标、课程目标和课程内容的细化，即对这些方面的关键要素的提炼和扩充。只有通过对办学核心理念和学生培养目标的提炼和扩充，才能够既为学校课程建设及其实施提供具体的指引和依据，也为课程的归类提供学习内容的类型或学习领域与范畴。通过对课程目标的细化，一是利于明晰具体课程的具体指向，从而实现在目标层对其应属于哪一类型或领域、范畴的划分；二是利于发现在课程目标层面课程间的关系情况，通过对课程内容的细化，就能够找出不同课程之间内容的交叉、重复或互补的情况。

2. 体系化的筛选

以办学核心理念和学生培养目标特别是其细化后的结果作为筛子，对国家课程、地方课程和校本课程进行筛选。其中，通过对国家课程、地方课程的筛选，选择学校课程建设的具体方式，知道需要补充的课程有哪些；通过对已有校本课程的筛选，决定它们在学校课程体系建设中的去留。

3. 体系化的归类

学校课程体系建设需要构建课程建设的整体性，把课程的内容、实施、评价等方面归属于某些类中，形成“类”或“领域”或“范畴”下的分科课程设置，有利于这种整体性的实现。归类的方式大致可简略如下：在课程方面，一是依据课程的内容属性，把课程分别归类于科技、身心健康、艺术、生活技能等学习领域；二是依据课程在学校教育中的位置，把它们分别归属于必修课程、选修课程等；三是依据课程学科类型，把其分别归于学科课程、活动课程等。在实施方面，依据不同课程实施方式的共性，把具有共同实施方式的课程划分在一起。在评价方面，也是这样归类的。

4. 体系化的构图

构图就是学校课程体系的图示化呈现。它至少应呈现出办学核心理念、学生培养目标、学习领域、课程（模块）、实施、评价等要素，还应呈现出这些要素间的各种关系样式。它既可以作为学校课程体系建设前的规划构想，也可以作为建设中的垫脚石，但必须作为建设阶段性成果的整体展现。

（三）课程实施方面

1. 齐头并进

学校课程体系建设是学校教育教学各个层面和环节的整体性改革，而不仅限于课程层面。它的良好开展需要学校的行政管理、教育教学、课程与教学研究、教育评价等各方面的改革予以配合。即使在课程层面，它也不限于课程设置或课程内容的校本化建设，而是需要学校课程的课程目标、内容、实施、评价等各个方面的整体改革。如图 2–7。

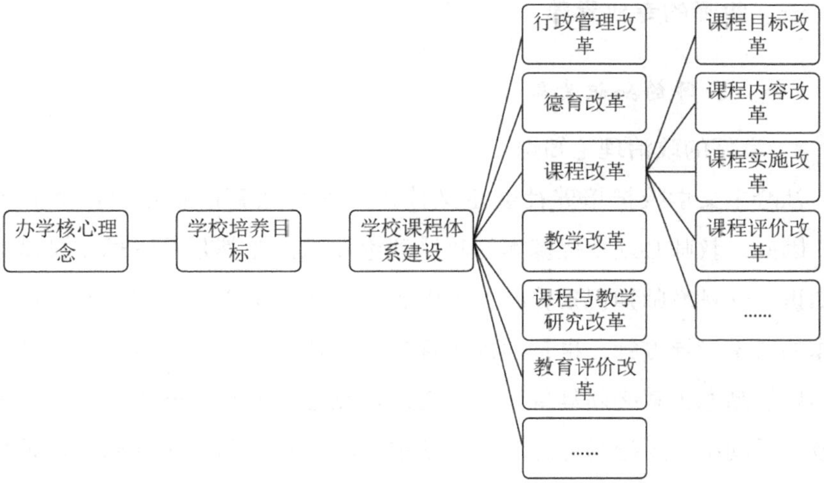

图 2–7　课程实施方面学校课程体系建设的方式

2. 分进合击

分进合击并不意味着学校课程建设的各方面所分担的任务和实施途径、方式的同一，恰恰相反，不论是学校教育教学工作的行政管理、教育教学、课程与教学研究等方面，还是课程层面的目标、内容、实施、评价等方面，在任务上都应具有独当之任，在实施途径和方式上都可以各具特色。特别是在不同学习领域或类型中的各门课程，它们在任务分担和实施途径、方式上更应该是各有侧重，不能强调其整齐划一。只要学校教育教学与课程的各个方面和层面所分担的任务是办学核心理念和学生培养目标的体现，它们的实施途径、方式始终贯穿着办学核心理念和学生培养目标，学校课程体系建设的最终所指是对办学核心理念和学生培养目标的落实就可以了。

第三节 高中教师管理研究

一、教师的专业素养

（一）教师的知识素养

1. 良好的政治理论知识

社会主义学校把培养社会主义接班人作为教育的根本目的和首要任务。因此，教师必须掌握基本的政治理论知识，尤其是马克思主义基本理论知识，这是教师知识素养的首要内容。马克思主义基本理论是我国一切工作的科学指导方针，也是学校教育教学工作的科学指导方针。要塑造学生的思想品德，就必须具备比较系统的马克思主义理论知识，在学校的教育教学活动中，要把马克思主义的基本立场、观点和方法准确无误地传授给学生。

教师只有掌握了这些知识，才能把自己的工作同共产主义的远大目标联系起来，树立为共产主义奋斗终生的远大理想；才能指导和帮助学生运用辩证唯物主义的方法，科学地认识客观世界，确定无产阶级的世界观、人生观和共产主义的坚定信念；才能更好地学习和理解新形势下党的方针、路线和政策，积极参与社会和教育变革，推动教育事业的发展。

2. 扎实的学科知识

对于自己所教的学科知识，教师需要了解四点内容：

第一，教师应该对学科的基础性知识、技能有广泛而准确的理解，熟练掌握相关的技能技巧。只有这样，教师才不会把不准确的甚至错误的内容教给学生。只有在准确、熟练掌握知识和技能的基础上，教师才有可能花更多的精力去设计教学，更多地关注学生和整个教学的进展状态。

第二，教师需要了解所教学科的发展历史和趋势，了解推动其发展的因素，了解该学科在社会、人类发展方面的价值以及在人类生活实践中的多种表现形态。其意义在于使教师能在教学中把学科知识与人类、现实世界的关系揭示出来，使学科具有更丰富的人文价值。同时，也能激发学生发现、探索和创造的欲望以及为人类和社会的发展做贡献的愿望。

第三，教师需要掌握学科所提供的独特的认识世界的视角、域界、层次及思维的工具与方法，熟悉学科领域内科学家的创造发现过程和成功原因，学习在他们身上展现的科学精神和人格力量。这对于增强学生的精神力量和创造意识有重要的意义，远远超出科学知识所提供的价值。

第四，教师要对与该学科相关的知识，尤其是知识间的相关点、相关性质、逻辑关系有基本了解，便于教师与传授相关知识的教师在教学上取得协调，在组织学生开展综合性活动中相互配合。

3. 系统的教育科学知识

随着时代的发展，教育对象、教育教学活动变得日益复杂，教师不能仅依靠直接的经验从事教育教学工作，必须掌握丰富的教育科学理论知识。教师只有系统地掌握教育学、心理学、教育心理学和学科教育学等方面的理论知识，才能认识和把握教育规律，了解学生身心发展的特征，促使教育教学工作朝着科学化的方向发展。教育科学知识不仅能使教师获得教育教学的成功，还有利于完善道德修养，增强教师的专业志趣和专业信心，调控自身的情绪、情感和心理状态，促使教师自身的健康成长。

4. 一般教学法知识

一般教学法知识指那些似乎超越各具体学科的、关于课堂管理和组织的广义的原则和策略。一般教学法知识作为教师实践性知识结构当中普遍存在的基本要素之一，包括教师关于教、学和学生的知识与信念，超越了特定学科的范畴。

一般教学法知识包括不同策略的知识，如创造学习环境、课堂讲授和有效课堂管理的策略与安排；有关学生的知识和信念，如学生是如何学习的以及如何通过教师的教来促进学生的学等。教师要有大量的一般教学法知识，其道理非常明显，不需要说明，但其重要的理由往往不能获得承认。教师应当成为学生心智的研究者，而学生所学的科目又是多种多样的。因此，教师不仅需要掌握所教学科的知识，也需要掌握教育技术性的知识。

在这里，教育技术性的知识是指一般教学法知识，即教师要熟练掌握发展心理学、教育心理学、教育学、教育史和各种教学法等知识。其主要原因在于：一方面，教师能凭借这类知识观察学生的反应，迅速而准确地解释学生的言行；另一方面，这些知识是别人用过且行之有效的，在需要的时候，教师能够凭借这些知识给学生以适当的指导。

5. 丰富的实践知识

教师的实践性知识也被称为缄默知识，指的是教师在面临实现有目的的行为中，所具有的课堂情景知识及与之相关的知识，表现为教师对具体课堂情境的处理方式。它是教师教育教学经验的积累和提炼，主要来源于课堂教育教学情境和课堂内外的师生互动行为，带有明显的情境性、个体性，体现出教师个人的教育智慧和教学风格。

这种知识的发展状况可以分为实践性知识不足和实践性知识发展良好两个水平。教师的教学不同于研究人员的科研活动，教师的教学具有明显的情境性，实践性知识是教师教学经验的积累。研究表明，教师在面对内在不确定的教学条件时能做出复杂的解释和决定，能在具体思考之后再采取适合特殊情境的行为，就是因为教师具有丰富的实践知识。

（二）教师的职业道德素养

1. 具备现代化教育观

纵观国际教育改革趋势，随着21世纪知识经济时代的到来，教育改革席卷全球，科学的人道主义教育观备受推崇。这种新型的教育观是科学与人道的有机结合，它以科学为基础和手段，以人的完善为目的，它代表了未来教育发展的方向，就是人们常说的“以人的发展为本”的教育观。

这种教育观就是让受教育者的学习做到坚持学习科学文化与加强思想修养相统一、坚持学习专业理论知识与注重生产实践相统一、坚持实现自身价值与服务社会相统一、坚持树立符合时代发展的远大理想和艰苦奋斗相统一。教师做学生就业、创业、发展以及学生职业生涯的指导者和促进者。

21 世纪是以高新技术为主导的知识经济时代，国际竞争日趋激烈，谁抓住了教育，谁就站在了新世纪的战略制高点。因此，各国都把目光聚焦在教育改革上，要求形成以科学为基础、以人的发展为根本、以培养健全人格和创新能力为宗旨的新型教育理念，培养新世纪需要的合格人才。教育是直接为社会发展服务的，因此，要求专业教师应具备各方面知识素养，能掌握较丰富的现代化知识与技能，能较深刻领会现代“人力资本”“智力资本”的经济理念，树立“人才市场观”“人才质量观”和“现代产业观”的经济观念，有意识地把竞争规律、价值规律渗透到教学内容和教学过程中。

2. 具有高尚的职业道德情操

（1）对教育事业的追求。教师应充分认识到自己所从事的职业是崇高而伟大，它关系到人才的培养和国民素质的提高，更关系到一个民族的振兴和国家的富强。教师只有培养这种道德情感，才能把自己的命运与前途和国家教育事业紧密联系在一起。一个不热爱教育，对教师职业不感兴趣的人，一旦从事教育，必将误人子弟。

（2）对学生的热爱。教师对学生的热爱与关心是教师对教育事业热爱和追求的具体体现，也是师德情感中最重要的内容。热爱一个学生就等于塑造一个学生，而放弃一个学生无异于毁坏一个学生。爱是教育行为的内在动因，爱是教育人生的基础。对教育对象的理解、认识与爱是教师职业道德的核心。

（3）对同事的尊重和增进同事间的友谊。教育工作是一项庞大的系统工程，教师个体很难独立完成对学生全面教育的任务，这就需要增进同事之间的友谊，团结协作，相互尊重，形成教育合力。

（4）自尊感、责任感和荣誉感。教师的自尊感是一种由自我评价所引起的情趣体验，是教师渴望自己的劳动得到社会的承认和尊重，表现为自重、自爱、自立、自信、自强、自主等多方面。

自尊，即要维护教师声誉，保持良好的道德形象，自觉按照教师职业道德要求规范自己，不做任何有损教师形象的事。教师的责任感是教师对学生、对社会、对他人应承担的义务和应履行的职责的内心体验。教师的责任感主要表现在自觉对学生负责、对家长负责、对学校负责、对社会负责。责任感是一种高尚的职业情感，是做好教育工作的巨大动力。这种情感可使教师在没有任何外在压力、无人监督、无人知晓的情况下，也能凭自己的责任心，自觉地去履行教书育人的职责。荣誉是教师在履行自己的职责、对社会做出贡献后得到的评价，意识到自己的社会价值并感到由衷的愉快，这就是荣誉感。教师的荣誉感就像推进器，促使教师认真履行职业道德义务．发扬拼搏精神，为培养合格的新人贡献出自己的一切。

3. 具有坚定的职业道德信念

坚定的职业道德信念是教师职业道德修养的核心问题。教师职业道德信念是教师对职业理想、职业人格、职业原则、职业规范坚定不移的信仰，是深刻的职业道德认识、炽热的职业道德情感和顽强的职业道德意志的统一，是把教师职业道德认识转变为教师职业道德行为的中间媒介和内驱力，并使教师职业道德行为表现出明确性和一贯性。它是正确的职业道德知识、真诚的职业道德感和坚毅的职业道德意志的“合金”，也是形成职业道德行为的强大动力和精神支柱。只有形成坚定的职业道德信念，教师的职业道德知识、情感和意志才具有稳定性和一贯性，教师的职业道德行为才有坚定性。教师一旦牢固地树立了某种职业道德信念，就能以持之以恒、坚韧不拔的精神和对工作精益求精的态度，始终不渝地遵守职业道德规范，履行自己的职责和义务，并以此为标准去鉴定、评价自己和他人职业活动的是非与善恶。

4. 具有以身作则的职业道德操守

以身作则，为人师表，是教师的职业道德与其他职业道德相区别的一个显著的特点，是由塑造人美好心灵的特殊规律所决定的。也就是说，教师榜样作为一种具体形象，其所特有的、强烈的、感化性的教育力量，在教育学生时有潜移默化的特殊作用。

人民教师是以完整的人格出现在学生面前的。因此，凡是要求学生做到的，教师自己必须首先做到；凡是要求学生不做的，教师自己首先不去做。只有言行一致、表里如一、身教重于言教、严于律己的教师，才是学生所信赖的、有威望的、可尊敬的教师。以身作则，为人师表，是人民教师应有的品质和劳动态度。

（三）教师的能力素养

1. 口语表达能力

口头语言表达能力是任何一位优秀教师都必须具备的一项基本能力，即使在今天这个教育技术不断发展的时代，教师的口语表达能力依然在很大程度上关系到课堂教学质量的好坏。

对教师来说，要想具备良好的口语表达能力，应当做到以下三点：

（1）语言简明准确。教师向学生传授的知识，具有严密的科学性，这就要求教师应使用准确严密的语言，保证知识传授的正确性。那些词不达意或模棱两可的语言，只会干扰知识的传授，造成学生思维混乱，破坏教学气氛，影响教学效果。为了保证课堂教学有足够的信息量，教师的语言还要简洁明快、干净利落，不能拖泥带水，更不能信马由缰。

（2）语言生动形象。课文教材中使用的都是规范的书面语言，不少文段内容复杂，教师若不对其进行一番改造和变通，将较为抽象的书面语言转化为生动形象、浅显易懂的口语，学生未必能够真正理解和领会。这就要求教师能把教材中那些抽象化程度高、概括性强的书面语言表达得明确、具体、形象、通俗，使学生听得懂、记得清，留下深刻印象。

（3）思路清晰。语无伦次、条理不清是教师口语表达的大忌。教师的口语表达不仅要简明准确、生动形象，而且要语意连贯、严谨清晰。根据任教学科和学段的不同，教师要能灵活地调整自身的语言逻辑。教师不仅在课堂讲授时需要注意自己的口语品质，做到口语表达措辞恰当，声调有高有低、有起有伏、抑扬顿挫，音速和节奏要快慢适宜，能充分调动学生的听课情绪，渲染课堂气氛，使学生对课堂教学留下深刻的印象。并且在对学生进行思想品德教育等工作时，教师也同样需要注意自己的语言品质，以增强教育的效果。

2. 人际交往能力

交往是指人在社会生活中交流信息、沟通情感和相互作用的过程。要实现育人的目的，教师必须具备与他人交往的能力。众所周知，教师的工作对象是学生，学生生活在学校、家庭、社会等不同的环境中，除了具有群体的共同特性外，还具有个体差异性特点。

由于学生的成长既需要帮助又需要引导，这就要求教师要了解学生所处的班级情况，了解学生的个性特点，了解学生所处的家庭环境。同时，教师还要调动一切可行的教育手段对学生施教，要与班主任、同班的其他教师、学生家长、社会中的教育力量等进行交往。概言之，教师要与学生沟通，建立与学生之间的“教学相长”的平等关系；教师要克服个体工作意识，建立与其他教师相互合作、相互支持的工作关系；教师还要建立与家长相互支持的合作关系、与社会有关人员的协作关系。这样才能形成教育合力，进行有效的工作。

3. 教学改革与研究能力

教师的教学改革与研究能力体现在以下几个方面：

一是具有一定外语水平，对专业理论、专业教育史、本学科学术流派等知识有相当的了解，并具有运用教育教学规律去主持和指导教学改革的能力。

二是要善于用新观念、新信息、新技术分析新问题，改革教学模式和教学方法，以适应外部环境的变化和主体发展的需要。

三是要具有良好的创新精神、创新意识，掌握创新的特点和规律，组织和指导学生开展创造性的实践活动。

四是具有较高的学术研究水平，能指导专业建设和解决教学实际问题，能构建具有特色的教育教学课程体系，能承担综合课程开发、设计教学内容体系，能参与研制人才培养方案、专业教学方案。

五是具备申报、主持和组织实施专业技术、专业技能、专业建设、专业教学等方面课题的能力。

六是具有一定的实践操作能力和实践创新开发能力，能将成果融入教学中，并能创新地解决和回答学生提出的生产实际问题，让教师成为一名能调查，能搜集和整理资料，能试验、设计，能将成果转化的应用型的研究者。

4. 课堂管理能力

课堂管理是教师在课堂教学过程中，根据教学的目标或任务要求，运用管理学的知识和技术，遵循一定的原则，采取一定的方法和措施，建立良好的课堂教学环境和调动学生学习积极性的一种活动。从不同角度，可以对教师的课堂管理能力进行不同种类的划分。

课堂管理能力可以划分为以下几种：

（1）目标导向能力。教学目标是教学活动的出发点和归宿。确立教学目标一方面是依据课程目标，自上而下地进行；另一方面，还要关注学生身心发展的需求，关注他们多样化的学习需要，自下而上地展开。

（2）激励与强化的能力。激励主要指向学生学习活动的内驱力，是内在需要和学习动力的激发过程。强化主要指向个人的外在行为，是增加学生某种课堂行为重复出现、持续出现的可能性的过程。课堂强化是对学生期望行为的强化，是教师课堂管理必须掌握好的一项技能。

（3）课堂秩序的管理能力。有序，才有效率，但并不是有序度越高，效率就越高。高度绝对的有序将使教学系统失去应有的自由度，失去应有的随机性、应变性，最后走向死板僵化。因此，课堂秩序的管理必须适度。

（4）营造课堂气氛的能力。有的教师习惯于决定一切学习计划、目标，并控制学生的行为，不时显示或证实自己的权威性，造成课堂气氛过于沉闷，学生谨小慎微。反之，有些教师作风民主，倾向于与学生共同设立学习目标、拟订学习计划，师生间经常讨论，共同维持课堂秩序，课堂气氛比较活跃，教师和蔼可亲，学生勇于探索，敢于创新课堂。心理气氛的不同，将对学生的学习成绩、个性发展和社会化的进程产生不同的影响。

5. 板书能力

教师职业不同于文秘之类的工作，除了需要具备扎实的书面语言写作功底以外，课堂的板书能力也是教学基本功中至关重要的部分。

板书能力是指教师在黑板上或投影片上，以文字、符号线条和图片等方式，向学生呈现教学内容的能力。教师通过条理化、系统化的板书，可以帮助学生正确理解和领会教学内容，增强记忆效果，辅助课堂口语的表达，保留传输的信息，进而提高教学活动的效率和效果。

板书对一堂课来说，通常是必不可少的。板书就像是“微型的教科书”，好的板书设计可以让学生更加了解当堂课的教学内容。教师设计板书时应从教科书的基本内容出发，板书使用的词语一般应是从教科书中提炼出来的，体现教学目标的要求，板书设计的主体和结构应根据教学目标的要求加以规定。

6. 信息整合能力

在信息化环境下，教师单靠某一种知识或技能已经难以取得突破性的教学效果，更无法让自己获得可持续的有效发展。所以，信息时代还要求教师必须具备较强的整合能力。

（1）教育教学知识技能的整合能力。教师不仅要具备扎实的教育教学理论知识和熟练的信息化教育教学实践技能，还要具备将理论知识与实践技能相互整合的能力，如教学设计理论与信息化课堂教学设计相整合的能力、教学评价理论与信息化课堂教学评价相整合的能力等。

（2）学科知识技能的整合能力。高科技领域的许多科技成就很少是因为某一独立学科的快速发展而取得的，更多的是由多学科领域知识技能的相互整合而形成的综合学科的巨大进步。因此，教师必须具备较强的学科知识技能的整合能力，这种能力不仅体现在不同教育阶段的学科知识技能的整合上，还体现在不同性质学科的知识技能的整合上。

（3）信息技术与学科课程整合的能力。它是指教师将信息技术有效地融合于学科教学过程，由此营造一种新型教学环境，实现一种既能发挥教师主导作用，又能体现学生主体地位，且以“自主、探究、合作”为特征的教与学的方式，从而使学生的创新精神和实践能力的培养真正落到实处的能力。

7．教学监控能力

教学监控能力是指教师为了保证教学的成功，实现预期的教学目标，在教学的全过程中将教学活动本身作为关注的对象，不断地对其进行积极主动的计划、检查、评价、反馈、调节和控制的能力。由于教学活动的复杂性，教学监控能力也具有多方面的内容和多样化的表现。

一是教师对自己教学活动的事先计划和安排。在课堂教学之前，教师明确所教课程的内容；了解学生的兴趣、需要和发展水平；明确教学目标、教学任务以及教学方法与手段，并预测教学中可能出现的问题与教学效果。二是对自己实际教学活动进行有意识的监察、评价和反馈。教师应对自己的教学进程、教学方法保持有意识的反省。三是对自己的教学活动进行调节、校正和有意识的自我控制。教师根据对自己教学行为的评价及对学生接受状况和理解速度的评估，调整教学实际行为。

二、教师专业发展管理

教师专业发展的研究始于20世纪60年代的美国，70—80年代兴盛于欧美，其目标是在科学研究和教学实践中不断提高自己的专业素养，明确自己的专业理想，从而形成专业自我。教师专业发展的特征包括角色转变特征、专业提升特征和自我提升特征。

（一）教师专业发展的途径

1．职前培训

职前培训是教师从事专业工作的重要的基础阶段，是入职前的准备阶段。职前培训过程中，教师要掌握从事教师职业所必需的学科专业知识和教育教学知识，掌握专业技能，培养专业态度，形成专业素养，为从事教育工作奠定基础。教育者只有把握实际的教育活动，才能很好地将书本上的专业知识运用到专业实践中去，并在实践中有效地将理论和实践相结合。在这个过程中，教育者获得了一种知识，人们称之为“实践性知识”。在教师教育机构中所开展的教师职前培训，包括了专业实践的部分，专业实践的方式包括参观学校活动、教育现场观察和教育实习等。

2. 入职培训

教师入职培训指的是教师经过职前培训，刚步入教师岗位的时候，为了能够对岗位知识与能力进一步了解、学习与掌握而接受的培训。新教师首先应对自己的工作岗位与工作性质有一个全面的了解与学习，并在有经验的教师的指导下熟悉岗位知识，提高自身的教学能力。

教师要想获得岗位知识，就必须虚心学习、接受培训，这就要求入职者一方面要对自己的岗位内容进行学习，熟悉自己岗位的要求，掌握岗位上要求的知识；另一方面，也应在有经验的教师指导下学习岗位技能，这两方面缺一不可。在很多学校中，师徒结对的方法都是首选的新手教师入职发展方式。

3. 在职培训

教师专业发展是一个持续的过程。在这个专业发展过程中，教师需要不断地更新自己的知识，提高自己的专业技能，加深对教育教学工作的理解，而这一切都需要教师不断地学习。在我国，有大量的教育机构承担着教师在职进修提高的任务，为教师提供多样化的在职学习课程。同时，国家和地方也制定了一系列教师在职学习进修的制度，引导和鼓励教师不断地学习。

4. 自我教育

教师自我教育的实质是教师专业化发展自我构建的过程。教师自我教育指的是在教育教学活动中开展教学反思工作，在实践过程中提高专业能力。一名教师，要想从“新手教师”成长为一名具有教学魅力的成熟教师，甚至是一名拥有丰富经验的专家型教师，最主要的途径便是实践。通过对众多优秀教师成长的研究可以发现，教师获得自身专业发展、能力提高的一个最直接的途径便是在教育实践中研究教育和在教育实践中反思教育。

（二）教师专业发展的方法

1. 终身学习

当今社会，终身学习已成为一种社会普遍接受的理念，每一个社会成员都必须不断地接受新知识才能适应社会的发展，教师作为学习活动的促进者和指导者，更应加强自身学习。

对于知识学习而言，教师要在三个方面加强知识学习：一是文化科学基础知识，二是专业学科知识，三是教育科学知识和心理科学知识等条件性知识。在学习中，教师往往忽略文化科学基础知识的学习，认为这是与自己的专业无关的知识。今天，一个真正受到全面培养的人需要有广泛的普通文化知识，并有机会深入地学习和研究少量的学科。教师要广泛涉猎科学文化知识，提高自己的文化修养，奠定教书育人的文化功底。

教师多读文学著作，可增添教师的人文素养，进而能在潜移默化中完善教师的人格；读哲学典籍，可增添教师的智慧和思想的深邃。专业学科知识的多少是衡量教师优劣的主要指标。可以说，专业知识是教师影响学生的重要材料，是教师影响力的源泉，也是教师创造力的基础。因此，教师必须加强专业知识的学习。每个教师可以根据自己的条件，围绕教学的需要，有计划、有步骤地进行专业知识的积累和提升，构建具有个性化的专业知识结构。在构建专业知识体系时，要强调深厚的核心专业知识和广博的专业知识相结合。教师的专业主体知识是他们知识的核心，是最基本的、相对稳定的知识。有了这部分知识，教师就有资格承担某种课程的教学。

2. 教育行动研究

行动研究是指教师在实际教育中，基于学校、源于教师的教育教学行为，以教学实际中出现的问题为研究的起点和对象，通过制订计划、系统地收集资料、分析问题、提出改进方案、付诸实施、检验和反省成果，把学习与培训、学习与行动结合起来的研究活动。研究教育改革，提升教学质量，实现教师学习培训和教学过程相统一，促进教师专业成长。

近年来，行动研究已经成为教师专业成长、课程改革的重要手段之一。行动是校本研究的出发点，教师的成长和发展的关键在于实践知识的不断丰富与实践智慧的不断提升。校本研究就必须从研究“行动”开始，始终紧扣教育教学“行动”进行研究，并且把落脚点放到提高教育教学行为的自觉性上。校本行动研究由“行动”开始，通过“合作”与“反思”达到高一层次的新的行动。立足于教师教学行为的研究方法，更为注重教师对自己教育实践活动的反思，研究成果直接用于改善教育教学行为，以教师的变化促进教学的变化，有效地促进教师的教学能力和教学水平的提高。

3. 教学实践

在教师的教育生涯中，教学实践是教师功能的体现与存在方式，是构成教师生活世界的重要部分。

教师的教学实践主要包括三个方面的内容：第一，教师存在于教师实践的活动中；第二，教师的困惑来自教学实践，是教学实践活动中产生的；第三，教学实践可以解决教师在教学中的问题。教师的日常教学实践包括：教学活动准备、课堂教学开展、课后学生辅导、学习事件的处理、批改作业等。

在这些教学实践中，教师将自身所具备的本体性知识和条件性知识与实践性知识进行有机结合，以学生容易接受的方式开展教学活动，充分挖掘教学育人的本质，促进学生身心的健康发展。这是将显性的知识内化到自己的知识结构，即将这些知识和自己原有的知识糅合起来，形成指导教师行为的实用性知识或个人实践知识，这是“转识成智”的过程。

4. 教学反思

教学反思指教师借助行动研究，不断探讨与解决教学目的、教学工具和自身方面的问题，不断提升教学实践的合理性，使自己成为专家型教师。教学反思是教师对教学各方面的情况进行的一种回顾、分析和总结。

教学反思在教师的专业发展和成长中具有极其重要的作用。反思和革新能够推动教师在职业发展的不同时期成长，从一个时期发展到另一个时期；反思的教师，不仅在头脑中经常重温教学时的事件，而且还持续地观察学生，以便了解教学实践对学生产生的影响；反思帮助教师了解自己的长处，找出自己的问题，确定自我改进的领域，明确自己成长的方向，制订自己的行动计划。

第四节 高中学生管理研究

学生具有能动性、发展性、自主性、完整性、生成性的特点，而且每个阶段的学生与教师的关系也存在着一定的不同。在对学生进行管理时，教师应根据学生年龄阶段的不同，遵循相应的学生管理原则，对学生采取具有针对性的、科学的管理方法。

一、学生的本质属性

（一）学生具有能动性

与生产劳动的对象不同，教育的对象是活的能动体。所谓活的能动体有以下解释：

第一，意味着学生具有发展自身的动力机能。学生不仅与其他生物一样，能够通过对外界的摄取活动，使自己的机体得以保存和发展。更为重要的是，这种动力机能还表现为学生能够以人所特有的能动性，创造和满足自己的物质需要与精神需要，并用以发展自己的身心。

第二，作为一种实践对象，学生不是消极被动地接受塑造和改造，而是能够意识到自己是被他人所塑造和改造的，从而有可能自觉地参与到教育过程中去，以一种与教师相重叠的目的活动，共同完成教育的过程。学生是有血有肉的人，各具思想感情，这也是与作为物的劳动对象完全不同的。

因此，教师对学生的心理反应不仅限于认知范围，这也就是说，与其他实践对象不同，在教师的心理上，不仅仅把学生作为一种认知对象，而且必然会与学生之间建立起其他心理系统，如情感、需要等的联系。学生是具有思想感情的个体，又意味着他具有独立的人格，他有自己的需要、愿望和尊严，这一切都应当得到正当的满足和尊重。

（二）学生具有发展性

第一，青少年学生具有与成人不同的身心特点。对于青少年学生而言，他们不是成人的雏形，具有其自身的身心发展的特点。当生理和心理等尚未充分发展起来时，在一个很长时期中，人们都只是把这一时期的学生看作“小大人”，并不认为他们与成人有什么质的差别，认识不到他们所特有的需要和发展。因此，在教育工作中往往会抹杀他们的特殊性，向他们提出与成人同等的要求和行为标准。

第二，学生具有发展的潜在可能。对于发展中的人来说，他们身上所展现的各种特征都还处在发展变化、趋向成熟的过程，并不是已经到达发展的顶峰和终极。他们是“早晨八九点钟的太阳”，在他们身上潜藏着各方面发展的极大可能性，他们的身心已经出现的某种发展的不足之处、思想行为上的缺点错误，较之成人来说，一般也有较大的矫正的可能性。

第三，学生具有获得成人的教育和关怀的需要。由于青少年学生各方面发展不够成熟，获得成人的教育和关怀就成为他们发展中的必然需要。只有充分认识这点，才能以一种培养的观点去对待学生，积极发挥教育的作用。那种认为学生的任何要求都是合理的、无需成人的帮助教育、放任他们自由发展的观点显然是错误的。

（三）学生具有自主性

生命的意义在于其自主性。人天生具有认识外部世界、求知于外部世界的本性，乐于追求、探寻、创造，并在此过程中展现自己生命的力量。学习的主体是学生，教育的终极目的也在于学生。因此，学生在学习中的自主性是显而易见的，无论学生年龄大小、能力强弱，都具有强烈的自主学习欲望，教师应积极地引导、开发学生学习的自主意识，促进学生的自主成长。如果教师将自己的意志强加给学生，就会无形之中挫伤学生的主动性、积极性，扼杀学生的学习兴趣，使学生的思想窒息。所以，具有现代生命意识的教师，应当担负起发现、尊重和解放学生的重任，还学生一个真实的自我，让学生在探索世界、探索自我的过程中增强自主性，在不断超越自我的过程中体验到生命的力量与意义。

（四）学生具有完整性

应该看到，现实生活中的人都是一个完整的人。每个人都有自然属性和社会属性，都存在着身体和心理等各方面的发展。但就以人为对象的某些社会实践领域来看，他们所面对的却往往只是人的某一方面。比如，医师面对的只是人的生理方面，艺术家面对的只是人的精神方面，然而，教育工作所面对的人——学生，却是一个完整的人。

教育不仅要面对人的认识、情感、行为习惯等精神因素，也要面对人的身体、生理等因素；不仅要使学生在将来能承受社会现有的生产力，与自然做斗争，还必须使他们能够承受现有的社会关系，以适应社会生活；不仅要使所培养的学生具有推动社会发展的知识能力等精神力量，同时还要使他们具备相应的身体素质等物质基础。总之，教育所要实现的是人的德、智、体、美、劳等全面的发展。由此可见，从教育意义上看，人必然是一个完整的人、全面的人。

（五）学生具有生成性

学生阶段正是人生关键的“未完成期”，可塑性极大。可塑性不仅表现在身体上，还表现在心理上；不仅表现在速度上，还表现在广度和深度上。这说明，处于发展中的人，都具有某方面的潜在特长或能力，而发展过程总是从一个比较简单的结构向一个更复杂的结构过渡，而这样的一个过程是按照没有止境的过程进行的。

因此，他们迫切需要接受人类社会的熏陶和教育，使其在未来的发展中跟上社会的进步。因为学生的生成性要求，教师要掌握学生的身心发展规律，熟悉不同阶段学生身心发展的特点，并依据学生的身心发展规律和特点开展教育教学活动，同时相信学生的巨大发展潜能，坚信每个学生都是可以积极成长的，是可以获得成功的。教师要为学生创设一个有助于其生命充分成长的情境，将学生的生命潜能激发出来，使学习过程成为学生生命成长的历程。

二、学生管理的概述

学生管理是指学校管理机构和管理人员为了实现学校的培养目标，按照国家的教育方针和各项政策法规，科学地、有计划地组织、协调、指挥学校内部的各种财、物、时间、信息等因素，用以规范学生在校阶段的各项活动。学生管理的基本内容包括思想教育管理（德育管理）、学习（智育管理）、学籍管理、生活、行为管理、组织管理以及课外活动管理等方面。

（一）学生管理的特点

1. 教育性

学生管理要发挥学生的主体作用，提高他们的主人翁意识，鼓励和吸收他们参与管理，为他们提供服务和引导，对他们进行“三观”（世界观、人生观、价值观）教育和“三生”（生存、生活、生命）教育。

2. 开放性

学校对学生的教育和管理要有整体观念和开放视角，既要通过课堂教学，也要通过团队组织、校内外活动、社会和家长等多渠道、多方式进行，形成合力。

3. 持续性

学生管理要建立长效机制，使学校内外、课堂内外、家庭内外的教育有机结合，使外在管理和自我约束、思想工作和制度管理有机结合，提高学生管理工作的系统性、连续性和有效性。

4. 具体性

学生年龄越小，学生工作管理的直接性和具体性就越强。比如，对中小学生的教育，就不能说一些空洞的大道理，对他们来说，道理越直接具体就越可接受。

（二）学生管理的任务

教育行政部门和学校是进行学生管理的主要机构，两者在根本目的上是一致的，但在任务上各有侧重。教育行政部门偏重于宏观调控，通过把握学生的总体状况，发现学生管理中的普遍问题，研究与制定相应的法规与政策，起到间接管理学生的作用。而学校偏重于微观管理，其任务主要有以下几个方面：

第一，用国家的教育方针和政策，统一教职员工的思想和教育行为，开辟有效的教育教学途径，培养学生自学、管理、自我教育及心理承受能力，为其确立正确的人生观、世界观打下基础。

第二，制订并执行学校学生管理工作计划、管理常规和管理措施。

第三，健全和完善学校管理组织系统，主要是健全和完善班级管理组织。明确班级管理的任务与目标，选派好班级管理的领导者——班主任；健全班委会，挑选与培训班干部；建立与健全年级管理组织，统一本年级管理力量和管理活动；健全以教导处为主体的学生管理指挥系统，以统筹安排、统一指挥。

第四，实现教育教学、生产、科研与经营管理工作的一体化，以有效地进行学生管理工作。

（三）学生管理的内容

第一，学习管理。促使学生明确学习目标，端正学习态度，掌握学习方法，养成学习习惯，提高学习的自觉性。

第二，生活管理。教学生学会做人，引导其与人正确交往，掌握生活常识、技能，培养生活自理能力，养成良好的生活习惯。

第三，心理辅导。开展学生心理健康教育，缓解心理压力，加强意志品质和约束能力的培养训练，预防和治疗各种心理障碍，培养良好的个性心理品质。

第四，思想品德教育。加强思想品德教育，引导学生树立正确的世界观、人生观、价值观、生命观，提高其思想觉悟，训练和养成学生良好的行为规范，把学生培养成为热爱社会主义、热爱祖国、具有公德意识、遵纪守法、文明礼貌的合格公民。

第五，课外活动管理。加强课外活动的组织和管理，开展各种形式的兴趣活动和文体活动，丰富学生课余文化生活。

第六，安全卫生管理。建立健全安全、卫生管理制度，对学生开展生活安全卫生、教学安全卫生、劳动安全卫生及人身安全等方面的教育活动。

第七，教育协作管理。建立学校、家庭、社会相协调的教育委员会，聘请校外辅导员、法制副校长等，发挥三方作用，形成教育合力。

三、学生管理的原则

（一）学生管理工作的方向性原则

管理是一种有目的的活动，管理工作必然具有方向性。以坚持社会主义方向为准绳是我国学生管理工作的一个本质特点。我国是社会主义国家，自然要使学校成为社会主义性质的育人场所。社会的性质决定着学校的性质，进而决定学校一切管理工作的性质。因此，学校学生管理工作作为一种有目的、有意识的自觉活动，必须坚持党的领导，坚持社会主义方向，为社会主义现代化建设培养大批合格人才，这是学校学生管理工作必须遵循的一条最基本、最重要的原则。

（二）行政管理与思想管理相结合原则

培养学生的共产主义思想品德，既需要耐心细致的说服教育，也需要坚持不懈的行为训练，使学校的教育要求变为学生的行为习惯，否则，教育的效果就不会牢固。学生良好行为习惯的训练和培养，离不开科学的管理，没有合理的规章制度、行为规范，思想政治教育就会空乏无力。行政管理在培养社会主义合格人才的过程中具有不容忽视的作用，它为教育工作提供规范、准则和纪律保证，但是具体的学生管理是通过规章制度、行为纪律对学生的思想行为进行科学的指导和制约。这些制度、措施、纪律表现为社会与学校的集体意志对学生的要求，表现为对学生行为的外在限制。因此，单纯地运用管理制度去解决学生复杂的精神世界问题，是违背教育规律和不切实际的。社会主义学校对学生进行管理的措施的制定与实施，必须以提高学生的认识能力、培养学生自觉遵守规章制度的自觉性为前提。自觉地遵守纪律源于正确的认识，离不开正确的教育，学校只有通过科学有效的思想教育，帮助学生提高执行纪律的自觉性，才能真正实现管理的效能。

（三）先进性原则

先进性原则要求学生管理使用现代化的科学手段，制定可持续发展战略，创新工作方式和理念。大学生是学生群体中思想较活跃、较先进的群体，这就要求学生管理者必须与时俱进，不断创新学生管理工作。

当今时代是一个信息化的时代，学生管理存在于一个高度信息化的环境中，它本身也渴求着信息化，所以学校要充分利用网络这一现代化先进手段，充分提高学生管理的效度和力度。同时，先进性原则要求学校用发展的眼光看待问题，以学生自身的可持续发展为出发点和归宿，着力培养学生不断学习和持续发展的素质，从而为学生的终身发展奠定基础。

（四）服务性原则

服务性原则是指学生管理本着服务学生而不是管理学生的原则开展工作，是对学生管理工作的定性，或者说，是通过服务达到管理的目的。

一方面，从学生管理工作的内容来说，无论是班级建设与管理、宿舍建设与管理、安全指导与管理，还是学生资助、奖惩，在学生的健康成长与发展中处于服务地位，起到保障作用；另一方面，对于学生管理者来说，他们本着服务学生的态度，做到切实服务于学生，从学生的切实需要和切身感受出发，真正做到换位思考，而不是把自己当作管理者甚至是高高在上的领导者。

四、学生管理的方法

（一）加强学生自我管理

自我管理是一个人能动自觉性的表现，是学生管理的最高形式。学生管理的主要目的就在于促进学生自我管理能力的形成。学生自我管理能力的形成是一个从他律到自律的过程。青少年发展初期，由于自我意识不完善，往往不善于控制、调节、支配自己的活动和行为，自我控制和自我调节主要受外部力量的支配、监督，以教师的要求为自己的要求，以别人对自己的评价为自己的评价，以学校的纪律为自我约束的纪律，这时学生处于以他律为主导的初级发展阶段。

但随着自我意识不断发展，学生逐步形成自己的价值观、人生观和世界观，能够依靠自己的内部力量自觉地自我管理，自觉地支配、调节、控制自己的活动和行为，这时已发展到以自律为主导的较高级阶段。可见，学生自我管理能力的形成与发展过程，也是人的自我意识、主体性逐步形成与发展的过程。因此，学生的自我管理重在学生的主体感受和参与。

学生的自我管理活动可分为群体性活动和个体性活动。

群体性活动是指学生在学生组织内部承担一部分管理责任的活动。这种活动具有较高的要求、较强的实践性，必须积极为广大学生创造参与这种活动的机会和条件。

个体性活动是指学生个人自发地或者是在从众心态的驱使下参与管理或自律的活动，应当积极启发学生对这种个体性活动的自觉性和坚定性。无论是群体性还是个体性的自我管理活动，都需要学生运用自己的独立决策、独立思维和独立工作的能力，在实践中不断提高自己的自我控制和自我教育水平。

（二）实施精细化学生管理

精细化学生管理是以管理行为和操作精细化为基本特征，通过改善和提升学生的基础素质，克服管理者的自身惰性，控制管理工作疏漏，强化各项活动的有效连接，促进各部门的协作管理，从而提高学生工作整体效果的学生管理方法。

精、准、细、严是精细化学生管理的核心思想，它以科学管理为基础，通过充分有效地运用人力、物力、网络等各项资源，谋求效率、效果的最大化。精细化学生管理是一种过程，由粗放到精细，是教育观念长期进化的一个过程；是一个以时代变迁为背景，不断进步的过程。精细化是个相对的概念，是与粗放管理模式相比较而言的，因此，只有管理者思想观念上有了更新，才能有精细化的发展，才能形成一个明显的对比。

过程化管理是学生管理精细化的外显内容之一，按照不同角度对学生全方位地施加教育影响，是过程化管理的主要形式。比如，以时间顺序，学生每天的经历成为教育过程的载体，从早上起床的时间、早操或晨读、课堂学习、午休、课后文化活动、晚自习到最后的晚上按时就寝等过程，都可以作为开展学生思想和行为教育活动的依托，只有把每一项学生可能的经历作为其受教育和关心的媒介，才能真正把握学生个人发展的方向。

（三）加强学生个体与集体管理

学生的集体管理主要表现为学校管理一般主要针对全校的学生提出管理要求和采取管理手段，很少是针对特定个人的管理要求和手段。因此，学生的集体管理依据集体所包括的范围分成两类：一类是将整个学校的学生作为一个集体进行管理。这种对学生的集体管理一般是对学生在学校学习、生活等方面的基本义务做出规定，通常只有所有学生都达到要求才能够维持学校的正常学习秩序和生活秩序，才能够保障全体学生全面发展的基本要求。另一类对学生的集体管理是将具有相同或者相近特质的学生看成一个集体，统一进行管理。这类集体通常形式多样，负责的管理组织和管理者也不尽相同。比如，将学生分成不同的年级进行管理，按照班级编制进行管理，按照学生的特长组成集体进行管理，按照学生的课外兴趣组成集体进行管理，等等。各个集体之间允许交叉，因此第二类集体管理的管理对象会经常存在交叉和重叠，需要相应的管理组织和管理者之间建立良好的关系，有良好的沟通渠道和协调规则。

第二类集体管理实际上是对第一类集体管理的进一步具体化，增强了学生管理的针对性，能够在很大程度上降低管理成本、提升管理效果，也能够在一定程度上帮助学生实现个性发展。但是，无论是哪一种集体管理，对更进一步的学生特质都无法进行有针对性的管理。因此，学生作为人，无论怎么划分成集体，集体内部的个人与个人之间都存在异质性。但是，针对学生个体进行管理的成本过于高昂，包括金钱、精力、时间等，通常只有那些需要特别帮助的学生才考虑对其进行个别管理和帮助。也就是说，只有集体管理的效果不理想，而个别学生又确实需要特别的帮助才能够回归正常的全面发展轨道时，才采取个体管理的方法。个体管理的方法虽然成本高昂，但是出于教育的目的和学校的责任，在特别的时候必须要采取个体管理方法，不能因为管理成本的问题而放弃任何一个学生。

（四）加强对学生的激励作用

激励即激发、鼓励、调动人的积极性。从学校教育的特点出发，我们把激励的概念界定为教师以激励的教育行为，从外部给学生以适度的正刺激，使学生把教育的要求内化为个体自觉行为的过程，从而促进学生生动活泼地、主动地发展。

教师在运用激励教育的方法时，要注意以下几点：一是以尊重学生为前提。教育激励的对象是学生，因此，要摆正学生的位置。激励应强调尊重学生的主体地位，尊重学生的人格、个性、潜能。从尊重学生出发，引发出各种激励性的教育措施，使教学方法是启发式的、手段是激励的，使学生的学习是主动的、负担是合理的、心理体验是愉快的。如果教师不尊重学生的主体性，就很难实施激励教育。二是以激发内驱力为主要标志。实施激励教育是“使学生把教育的要求内化为个体自觉行动”，因此，要通过教师的激励，实现学生的自我激励，进而增强学生学习的内驱力。激励教育要求教师培养、激发学生的动机和兴趣，使学生把社会和学校的要求，变成自己内在的行为动机和兴趣。三是以优化教育教学为主要内容。教师应不断改进教育教学方法，补充新颖的教学内容，以引起学生的求知欲，激发其探索和研究，在探索中学到新知识，并从中得到心理上的满足，产生愉快的情绪体验，进而产生新的学习、研究的兴趣。学生在这种良性循环中，逐渐养成主动学习的习惯，成为自主的人。四是以学生的主动发展为目标。教育的最终目的是培养身心健康、知识与能力协调、个性和谐、人格健全的高素质的人。

第三章

高中学校管理变革路径探索

高中学校管理变革不断深入发展，人们逐渐认识到学校变革的复杂性和整体性，还有人与人之间的问题，学校文化既是学校变革的生态环境，也是必须探索的重要内容，本章是从校园文化的角度来探索高中学校管理变革的路径。

第一节　学校文化历史根基与价值观的重建探索

一、学校文化历史根基

（一）发展历史——学校文化的脉络

每一所学校都有自己独特的历史，有的短暂，有的悠久。随着时间的推移，学校发展的每一步都会留下抹不掉的历史印记。在学校初创之时，学校文化已经开始形成，并通过学校历史上的重大事件得以发展、强化。被历史记载的学校事件影响着人们的行为方式和思维方式，并积淀成学校成员共享的价值观。因此，了解一所学校的文化应当从其历史开始，对学校历史的回顾可以窥见学校文化发展的方向，学校文化的独特性在很大程度上取决于学校独一无二的历史。回顾学校走过的历史，人们会发现，过去的某些痕迹依然内含于学校今天的现实文化之中，读懂学校历史是理解学校文化的关键。

从学校历史因素的角度将其分为三类。

第一类是历史悠久、文化传统深厚的基地学校。它们成功的从学校所负载的关键“文化符号”中解读出深意并阐发出积极的当代价值，还能结合自己的“新基础教育”实践体悟提炼出自己的文化个性。

第二类是办学特色相对鲜明但整体办学水平需要进一步提升的学校。它们在原有办学风格与相对强势的领域中生成和培育出新的学校文化理念及特色。

第三类是建校时间短，缺少文化传统，又急需获得社会及各方面认可的学校。缺少传统带来的优势是愿意接受新事物，敢于尝试创新，变革的热情和积极性较高，但也难免急功近利，过于注重“外包装”和对外展示。

（二）名师形象——学校文化的缩影

“名师”在学校中承担着“英雄”的角色，对内起到引导学校其他成员的作用，对外代表着学校的形象，他们是学校的标志和旗帜，为学校的发展做出了突出贡献。一所学校有没有自己的“文化传统”，最关键的也是要看它有没有“名师”，而这些教师之所以是“名师”，绝不仅仅是因为他们拥有什么样的职称和职位，而更多的是因为他们有真实的个性，有感人的故事，所以他们的“名字”才会被学生记住，才会成名。

“名师”是学校精神和文化的人格化身与形象缩影，能够以其特有的感染力、影响力和号召力为学校成员提供仿效的具体榜样，而学校成员也正是从榜样的精神风貌、价值追求、工作态度和言行表现之中深刻理解到学校文化的实质和意义。尤其是学校发展的关键时刻，学校成员总是以“名师”的言行为尺度来决定自己的行为导向。要使一所学校的成员团结成一个整体，学校价值观的传播必不可少。智慧的学校为造就学校文化，会根据自身的发展愿景选择那些因取得成就而人尽皆知的教师，通过“名师”向每位教师表明学校的精神追求。因此，“名师”是学校成员公认的最佳行为和学校组织力量的集中体现，其在学校文化中扮演着非常重要的角色，是学校文化的必要组成部分。

具体来说，名师对一所学校产生的作用有以下几个方面：

（1）具体化的作用。“名师”将学校精神和价值观体系内化成自身的品质，成为学校精神和价值观体系的化身，从而向学校成员展示了精神和观念上的内容，起到了传达价值观念和培育学校精神的作用。他们使一所学校最有价值的东西得以保存、积累并传递下去，也使其他教师在个人追求和学校目标之间找到了现实的联系。

（2）规范化的作用。学校的“名师”以优秀的品德、模范的言行、生动感人的形象感染其他教师，使他们知道应当怎样行动，从而规范了他们的行为，而且这种规范不是生硬的而是自愿的，是被“名师”的事迹所鼓舞、所吸引而形成的，因而是文化规范。另外，“名师”的模范行为还有助于学校建立一套相应的评价标准，促使学校定位的形成和保持。

（3）凝聚化的作用。“名师”是从一名普通教师成长起来的，他们的理想、信念和追求具有广泛的群众基础和独特的魅力，相似的奋斗经历和成长环境更容易得到其他教师的认同并产生凝聚作用，形成整体的力量。

（4）形象化的作用。“名师”是学校形象的代表，外界往往通过学校里的“名师”来了解学校的实力、评价学校的优劣。从某种意义上来说，学校形象与“名师”互为注释，人们一提到这所学校就会想到这所学校的“名师”，或者一提到某个“名师”就会想到他所在的学校。

（5）创新化的作用。“名师”往往是学校中锐意改革的精英人物，能够突破学校的陈规并敢于在工作中创新。因此，他们代表着积极的文化因子，并把先进的文化因子传递给学校其他成员，带动整个学校的创新。

（三）发展故事——学校文化的基因

学校发展故事是与学校发展和学校成员发展有关的故事，它既包括已经发生在学校内部的故事，也包括流传于学校的故事。在很多情况下，学校历史都不是以成文方式传递，而是以故事、神话、传奇等方式传播的。任何故事除了包括一系列的事件、某个或某些特定的人物以外，它还体现了人物（包括讲故事的人自己）的观点、信仰和意图，揭示了事件和这些意图、观点之间的关系。学校发展的故事也是如此，故事本身承载着大量的文化信息。一方面，故事的内容中会涉及人们的价值观念和行为方式；另一方面，故事也包含讲故事的人对学校事件的分析以及对学校和学校组织成员的评价。

学校发展故事除了承载学校历史信息、传达学校文化价值之外，还深深地影响着学校成员的思考、态度和行为，它在塑造学校成员价值观的同时也塑造了学校文化，因为文化也是人化。另外，学校发展故事还有一个不容忽视的作用，那就是它潜在的文化革新作用。学校发展故事与一般的童话、小说故事不同，它具有更多的真实性；跟叙事又不完全相同，它不完全客观，包含着讲故事的人的“偏见”、意图、价值以及意见。如果讲故事的人将先进理念融入故事中，就可能会带来学校文化的革新。所以，学校发展故事经过人为的选择、加工、赋意、重新讲述，可以成为推动学校文化发展的途径。

（四）庆典仪式——学校文化的标注

有学者认为，作为一种文化现象或文化载体的仪式并不是人们通常所说的仪式那么狭义，只要是能象征某种文化意义的、有角色分配的社会行为，在人类学上都可以算得上仪式。余清臣将现有学校文化活动所蕴含的仪式原型分成四类：祭祀仪式原型、人生仪式原型、战争仪式原型和狂欢仪式原型。[①] 例如升旗仪式的原型就是祭祀活动，学者崇敬的精神从神转向国家象征，表达和传递精神的人从祭司变成了各种受人景仰的讲话人，这种活动加强了群体之间的团结。人生仪式是指“人在一生中几个重要环节上所经过的具有一定仪式的行为过程……是将个体生命加以社会化的程

---

① 余清臣．学校文化的载体：仪式建设［J］．教育科学研究，2005（8）：21-24.

序规范和阶段性标志”。[①] 按照特纳的理论，人生仪式可分为三个阶段：脱离仪式、转变仪式和合入仪式。例如学校中的人生仪式包括入少先队、入团、入党、入学、毕业、成人礼仪及表彰等各种表示人身份变化的活动。战争仪式是一个群体为了保持自身成员的竞争力、增加危机意识和寻找新的精神领袖而模仿战争行为的礼仪。[②] 例如学校中的体育竞赛、智力竞赛就是以战争仪式为原型。狂欢仪式是指人们在天时、物候或社会俗成的特定时间中所进行的欢庆仪式，以此来释放人们在这种特定时刻的期望、喜悦等情感。例如学校的联欢会、游艺活动、纪念活动等。

还有学者将仪式界定为象征性的、表演性的，由文化传统所规定的整套行为方式、一系列专门设计的程序化活动，一个较为集体和公开的、予以陈述的事件。他们认为，学校中的仪式活动大致包括仪式化、礼仪、典礼和庆典四大类。仪式化活动包括升旗仪式，入队、入团、入党宣誓仪式，十八岁成人仪式等；礼仪活动不仅包括个人间的仪式化行为，如见面礼、社交礼，还包括个群、群群间的仪式化行为，如师生在课堂的开始和结束所表演的仪式化行为、班级与班级之间在比赛前的仪式化行为等；典礼通常是指新生入学典礼、开学或毕业典礼等；学校中的庆典活动一般指节日庆典和庆功庆典仪式，这既是基本的文化要素，也是文化保存和传承的基本载体，负载着特定的文化意义。不同仪式环境中成长起来的个体对社会的想象是不一样的。仪式就其本身来说无非是作为社会行为的符号，而真正重要的是这些符号所附带的意义。学校中存在的各种仪式活动也具有展演功能、行为功能和指示功能，一方面展演学校文化，将仪式承载的文化意义传播出去；另一方面，学校成员在参与仪式的过程中融入仪式情境并拥有仪式象征的文化意义。所以，仪式在传达学校文化、促使成员认同之外，还教育和塑造着学校成员。

---

① 钟敬文. 民俗学概论 [M]. 上海：上海文艺出版社，1998.

② 王海英. 构建象征的意义世界——学校仪式活动的社会学分析 [J]. 当代教育科学，2007 (14)：15-19.

庆典仪式有以下几种功能：

第一，贮存学校记忆和叙事功能。首先，校庆活动的内容包含着学校历史，向参与人员叙说着学校记忆；其次，校庆活动的时间、空间安排、活动内容以及参与人员的选择都会体现出学校的行事风格和背后的价值理念。

第二，凝聚功能。学校通过校庆活动强化了学生对学校的归属感，也加强了学校与不同社会团体的交流和团结。

第三，文化传达和认同功能。校庆活动通过综合性的感官刺激向参与人员传达着学校的文化，强化了参与人员对学校文化的认同。

二、学校文化历史价值观的重建

学校价值观一经确立并成为学校成员的共识，就会转化为学校的文化并对学校具有持久的精神支撑力。

（一）影响学校价值观重建的因素

学校价值观的形成是多重因素制约的结果，学校的校长、教师、周围的环境、社会的发展、学生的家庭背景等都对学校价值观的形成产生或多或少的影响。波尔达林认为，学校与其环境之间、教育系统与整个社会之间的相互作用，是教育改革中至关重要的“动力装置”。不全面理解这些关系中的各种作用因素，并把这种因素理解作为有计划的教育改革的基础，就不可能产生真正的教育改革。斯托尔提出影响学校文化的因素为五类：学校本身的历史、所处情境和当中的人物；学校以外的情境；在校学生和他们的社会背景；社会上的变化；学校的结构组成。[①] 这些内外因素交织在一起构成了学校文化的生态，人们依据影响因素范围的大小，由远及近地分析这些因素。

① D Stoll, L. School Culture: Black hole or fertile garden for school improvement? In J. Prosser (ed). School Culture [M]. London: Paul Chapman Publishing Ltd. 1999.

1. 社会因素

从教育生态学的角度而言，学校身处复杂、多维、动态的社会生态环境之中，其生存、发展、变革都离不开和环境的物质、能量、信息进行交换与交流。实际上，学校变革是学校与其社会生态环境的协同共变，社会变化是学校重建价值观的原因之一，也是理解学校文化变革的前提和基础。中国的学校教育是一种具有社会目的的行为，依照比儿童的家庭、亲友或者社区更大的社会单位的期望让儿童建立他们的个人文化认同——在价值观、忠诚、思维和感受方式等方面的个人文化认同。因此，学校教育系统充当着社会以制度化方式干预人类发展的角色，社会政治、经济、文化上的变化都会成为学校变化的动因。

作为教育机构，学校肩负着传递社会文化知识和培养社会所需人才的重任，因此，学校不能脱离社会环境而存在，学校文化也不能脱离社会环境而构造。学校作为社会有机体的一个构成部分，其存在和发展受到社会方方面面的影响，是社会文化在学校中的折射。一方面，社会的文化规范及其价值取向规定着学校文化的目标；另一方面，通过各种渠道渗透到学校内的社会文化，无不构成学校文化丰富的内容。在前文中讨论了当今社会转型对学校文化的影响，具体到每所学校的发展，社会转型给学校核心价值观的重新定位提出了要求。面对多元文化的价值冲突，学校需要在现代化过程中做出符合社会和自身发展需求的选择。

学校变革是学校在面临社会环境中的现实或潜在危机时，能够正确把握社会需求，利用学习机制，调整自身的价值定位与社会环境之间的关系，在谋求生存和发展的同时，超越或引导社会环境的变革。学校需要适应环境，但它还必须成为社会中一个创造性和挑战性的因素，因为与其他任何组织相比，学校更多地代表着未来。

2. 地域环境因素

不同地区由历史发展积淀下来的环境现状和发展趋势也影响着学校价值观的重建。考察多个地区的学校变革，发现这些学校的举措相去甚远，地域环境是造成这些差异的原因之一。例如学校所在地区的经济发展水平、整体教育状况、历史文化传统等都是每所学校具体的生态环境。作为一个机构，学校是相对独立的，但是，无论怎么强调学校的独立，都不能否认学校的开放以及对周遭环境的依赖。每所学校周围的环境，无论是社会环境还是地域环境都存在差异，这些不同的因素会影响学校文化的生成，使其在某些方面有别于同类学校。美国学者西格尔认为，学校并不是孤立的组织，它的运行结构不断受到外界环境力量的影响，它既不能独立地确立其目标，也不能排除其他社会机构而完全独立地通过自己的努力来实现目标，学校置身的各类环境限制或支持着学校的各种活动，学校的各种活动也作用于学校置身的各类环境。理解一所学校的文化和文化建设策略，不能离开它所依赖的地域环境，如果离开了它所置身其中的生态环境，学校的各项变革措施将无法理解。

3. 学校发展需要

学校与外部环境是协同共变的关系，外部环境变革的幅度、速度和深度影响学校的变革需要，决定学校变革的类型和性质。学校文化变革的根源在于学校生存、发展的客观条件发生了根本性的变化。客观分析学校的优势和劣势是制订学校发展战略的基础，在认清劣势的同时，也看到了自己的优势，对学校价值做出准确定位，重建学校价值观，形成学校发展需要的价值观。同时，学校价值观的确立，既明晰了学校的发展方向，又为学校发展提供支持环境。

（二）学校价值观的重建过程

学校外部环境的变化，势必会对学校传统的价值观产生强烈的冲击。若此时学校文化不主动实行变革，将直接影响学校的发展。因此，当外部环境发生变化时，从学校文化价值观的转变入手，正是学校文化变革或重塑的有利时机。

校训是一种有着极高探讨价值的文化现象，是学校文化的重要表征。学界普遍把校训看成是一种准则、行为规范、奋斗目标，认为校训是学校文化建设努力要达到的一种理想状态，是学校文化的灵魂，是学校办学理念、治校精神的反映，也是学校文化建设的重要内容。然而，更为关键的是“校训”作为学校精神的表征，从总体上反映学校的价值取向，提炼和弘扬富有个性与时代特征的校训是培育学校文化精神的方法之一。在新的历史时期，要继承与发挥校训的导向作用和凝聚作用，必须依据时代的要求不断充实校训的内涵，提升办学理念。而提升办学理念应坚持传统与现代结合的原则，使校训既展示出学校深厚的文化底蕴，又体现与时俱进的精神。

任何一所学校都是在一定的时代和自身所特有的条件下发展的，作为一校之训，按理该从本校特殊情况出发，把握本校特有的契机，亮出本校独特的取向，在现代中国学校之林中，别树一帜。然而，有些学校的校训缺乏对学校发展的深邃思考，校训内容和表达方式雷同而缺少特色；还有些学校对校训体现的文化内涵挖掘不够，没有从根本上意识到校训是学校文化的重要组成部分。

1. 反思学校文化传统

一个能凝练出学校特色且具有精神内涵的校训，是在长期办学实践的基础上形成的，它深深根植于学校传统文化的土壤中，所以，个性校训的制订需要考虑学校的文化传统。学校在其历史发展过程中所形成的社会形象，文化传统，学校特色以及上级部门、社会各界、教职员工的心理期待等，这是学校赖以进一步发展所必须考虑的基础性因素。作为学校文化表征的校训具有很强的文化包容性，它是集学校文化传统、发展愿景于一身的。

2. 分析学校文化现状

校训是一所学校对自己发展需要、条件及方向的深刻把握。缺乏对学校文化发展现状的分析，就不可能有体现学校价值原则的校训。一般来说，校训是学校文化的灵魂，反映了师生员工共同的理想信念、精神追求和行为准则，它引领学校发展的方向，也是对学生的期望与要求。所以，在制订校训时要分析学校文化的整体状况，弄清楚学校成员认同什么、需要什么、期待什么，找到学校文化向前发展的立足点。与学校真实的文化相比，校训蕴含的价值观更多的是学校倡导什么。如果忽视对学校现存文化及发展需要的分析，就很容易导致“学校倡导的文化价值观”与“学校真实的文化价值观”之间的偏离，接踵而至的便是学校发展的紊乱与学校成员的排斥。

第二节 学校文化影响下的组织制度生成

在组织理论的研究中，组织被看成是一个社会体的结构，而制度则是寓于结构中的控制性的规范和标准，它们包含了认知、规范、控制三个方面的构建和活动。组织是人们为了达成共同目标而编织起来的社会集团，由具有不同个性特征的人组成。仅仅依靠共同的目标来维系组织的存续和组织成员的关系远远不够，人们需要制订规范来协调成员的价值冲突，保障共同目标的达成。因此，制度始终伴随着组织的产生和发展，以刚性的姿态捍卫组织的正常运作。当刚性的制度被组织成员认同并从外在规范转化为内在规范时，组织成员的思维方式和行为方式趋同，组织文化就形成了。

一、学校组织、制度与文化的内在关联

组织、制度和文化的关系原理附着于学校组织之中，表现为学校组织、学校制度和学校文化的内在关联，这种关联是动态的关联，而非静态的。如果将学校组织、制度和文化放在学校发展的历史长河中考察，你会发现三者在不同时空维度上进行着互动和双向建构。实际上，学校组织是由不同的人在教育活动中组成的关系系统，这个大系统内包含着各种各样的小系统，并且各个系统交互作用形成复杂的关系网。学校为了维系自身发展的变革活动，实质上就是学校制度的变革和学校文化的再造，往往通过变革活动改变成员的思想和行为，进而重新建立刚柔并济的规范体系，其中包括新的制度体系和新的文化体系。

学校制度来源于学校文化，也能转化为学校文化。人们总是在一定的价值观指导下去完善和改革学校各项制度，所以，学校制度与学校文化紧密相关。另外，学校需要建立和健全领导机制、组织机构、管理制度来巩固学校文化的建设成果，使其倡导的价值观念和行为方式规范化、制度化，从而保证文化的形成、巩固和发展。从这个意义上说，学校制度的有效实施是学校文化传播的有力保障。反过来，人的价值理念会支配人的选择及行为，只有当一个人在思想上觉得自己应该如何去干的时候，他才能够形成内在约束，只有在这种内在约束起作用的条件下才能最终保证制度的有效实行。因此，学校制度需要学校文化作补充，这种补充作用表现在学校成员的价值理念要受到制度的约束。文化的创新必然会带来成员价值观念的创新，又会带来制度的创新，当需要倡导新文化时，制度是最好的载体之一。让人们普遍认同一种新文化可能需要较长时间，而把文化“装进”制度，则会加速这种认同。当先进文化或新文化已经超越制度文化的水准时，这种文化又会催生新的制度。

二、基于学校组织变革的文化生成

学校组织是指学校为了有效实现学校目标而策划建立的内部各组成部分及其关系的形式，包括学校正式组织和非正式组织。随着外部影响因素的变化以及自身的发展演变，学校组织始终处于新陈代谢、自我调整的状态。特别是在学校转型时期，内外的变革要求促使学校进行组织层面的变革以实现可持续发展。

（一）学校组织结构调整打破学校文化格局

我国中小学较多采用正金字塔状的科层制组织结构，这种组织结构能够以规章的形式明确学校成员的工作职责、工作范围以及学校各科室之间的关系，使学校各项工作有条不紊地开展。

学校科层制组织结构不仅规定了成员的职责范围和人际沟通方式，还在长期的运作过程中逐渐形成了稳固的文化格局。科层制组织结构如同一张人际关系网，被纳入这张网的成员无论是在思维方式上还是在行为方式上都受到它的限制并被它框定，久而久之，学校成员便内化了这种影响和制约，进而转化为内隐的价值观念。因此，科层制组织结构影响下的人际关系有着一定的形态，这一形态在文化上表现出封闭、保守、稳定的文化格局。这种文化格局维护着学校人际关系和工作秩序的稳定，老成员在这种格局中因循常规地工作，新进成员也会很快被吸纳和模塑。面对当今时代开放多元的特征，在科层制支配下的学校运作已经不适应社会对新人的培养要求。学校必须从激发组织活力入手，改变这种封闭的运作方式，为管理者领导能力的提升和教师创造力的发展提供更大的空间。

针对学校内部层级过多、容易导致信息流通不畅和管理上不利于成员创新的问题，一些学校以管理重心下移为理念进行了学校组织变革的尝试，主要措施集中在学校内部结构重组和中层组织重建上。这两方面的措施改变了学校文化的载体，打破了原有的文化格局，使得新文化因子破土而出并获得生长空间。

（二）非行政性组织的探索提升学校发展活力

相对于学校行政性组织而言，非行政性组织中的人际关系更为紧密、和谐，因为非行政性组织是“由教师以研究、改进工作和自我发展为宗旨，通过自愿组合而形成的非固定、非行政意义的组织”。①

从学校文化的角度来看，非行政性组织的成员志趣相投，在某方面有着类似的精神追求和价值选择，相比行政性组织，它们更能凝聚组织成员、调动成员的参与热情、激活成员主动发展的渴望并形成别具一格的文化样态。

学校组织变革不仅带来了学校组织结构的变化，也带来了师生价值观念、思维方式和行为方式的结构性变化。伴随着学校组织结构的扁平化和组织类型的多样化，学校成员在组织运作中逐渐解读出蕴涵其间的新的价值追求并在实际工作中认同、内化为自己的价值观念。“重心下移”的管

① 叶澜．“新基础教育”论，关于当代中国学校变革的探究与认识［M］．北京：教育科学出版社，2006.

理思路赋予学校成员更多自主发展的空间和权利，使得他们在更加开放的领域内建立起新的互动关系。学校成员在多维、多层、多向、多群的互动中生出更多的创新能力和发展可能。这种主动发展、寻求创新的工作思路内化为学校成员的精神品质之后会转化为学校持续发展的动力。学校组织是学校文化的载体，在新理念指导下的组织变革在改变文化物质外壳的同时也在学校成员中生出开放、合作、对话的新文化形态。没有学校组织变革的契机，新文化的种子就难以找到适合播种的土壤，更难以生机勃勃地成长。

三、基于学校制度更新的文化生成

文化作为一个复杂整体，其意义系统必然会体现为一定的规则和稳定的秩序。人类精神活动也势必会寻求一个适宜的环境，用以保证和维系精神文化的生存，这个环境是指个人之间或群体之间反复博弈的自然选择的秩序，或者是指设计或建构的规则。文化整体的协调互动必须依赖一个良性有效的秩序，这唯有通过制度才能达到。能否对学校制度加以改造乃至重建，使之真正成为实现学校价值目标的内在保障机制，决定着学校教育改革与发展的向度和效度。

一个是新文化制度化，即按照学校新文化理念更新学校制度；另一个是制度化的过程转化为学校成员生命成长的过程，即发挥学校制度建设的成人价值。

（一）学校内部制度更新

任何管理制度、管理风格都反映着一定的价值观和理念，所以学校制度总是一定思想的产物。反观我国学校中现有的制度，人们会发现大部分学校的管理制度存在各种各样的问题。

当前学校教育中的制度是为了“管”住人、“管”住事，而不是为了发展人、发展事；对于学校而言，当前学校制度建设的存在与运行，是为了保持学校的稳定，而不是促进学校自我更新乃至于转型；对于学校制度本身而言，尚缺乏自我更新的内在可能和反思、重建的机制。在类型上，当前的学校制度主要是单一的科层制形式，学校行政性组织缺乏专业性，组织层级之间也缺乏弹性。在功能上，当前学校制度的运作方式是通过纵向的条线管理而实现，缺乏多维、多层面的有效互动与生成，运行效应更多的是规范，而不是发展与更新。在建设方式上，学校制度主要由学校领导提出设立或由学校外部人员形成。

在搭建学校制度框架上，不同的学校有不同的特色。学校在构建的过程中要在以校训精神为核心的学校文化中，根据自身发展的进程逐步搭建起独特的学校制度体系，它包括校级管理制度、中层管理制度、教师管理制度、学生管理制度。

（二）学校内部制度的成人价值

新制度经济学派将制度的功能概括为：约束功能、信息功能和激励功能。制度的约束功能表现为制度对人的行为的规制，为人们的行为划定界线，在界线以内活动，得到许可、赞赏、鼓励；超越界线活动，则受到排斥、谴责和打击。此外，制度的约束功能还表现为制度能够消除或降低交往中的不确定性。

制度的激励功能通过提倡什么反对什么、鼓励什么压抑什么等信息传达出来，并借助奖励或惩罚的强制力量得以监督执行。制度的激励，可以引导人们的行为，改变人们的偏好，影响人们的选择。

作为调节学校成员行为和关系的规范，学校制度通过确定界限、形成秩序、提供预期、营造环境等途径和机制对学校成员产生约束、导向、激励作用。然而，在日常的教育实践中，由于人们对制度价值取向的认识偏差，片面强调制度的约束功能，忽视了制度的精神内涵以及对人的关注。因此，更新学校制度的根本在于更新制度背后的东西，并在制度建设的过程中营造有利于学校发展的制度文化。

在动态生成的制度建设过程中为教师发展创造空间制度的改造、生成和更新过程，其形态上是互动生成的，其实质是所有人参与。就制度本身来讲，制度除了约束功能还有激励功能，其背后的人性假设与文化价值为人的发展提供了制度保障和环境。就制度生成的过程来看，制度的形成、改造、完善是一个动态的过程，依附于外在生态环境的变化，由于它的动态生成性，才为人参与制度建设并在建设过程中获得发展提供可能。

同时，学校内部制度实施和更新的过程具有文化意义。首先，制度来源于文化，包含着文化价值理念，是一定思想、文化、价值的产物。只有将这些带有价值倾向性的规范在实施过程中产生效力，并转化为学校成员内在的价值标准和外在的行为方式，才能形成独特的制度文化。其次，学校成员参与更新学校制度的过程也是制度文化形成的过程。

第三节 传统文化的精神内涵及对学生的影响

一、传统文化的精神内涵

（一）“以人为本”思想

在校园文化建设中，应积极引入传统文化中的精华思想，诸如“以人为本”思想、“崇德尚仁”思想、“贵和持中”思想等，这些思想对于学校的发展、学生品质的培养都具有不可言喻的重要性。

中国传统文化中的“人本主义”和西方中世纪不同，也和西方近世不同，西方近世的人本主义是把“人”作为单个人，强调个性解放、个人的独立人格，带有强烈的个人主义色彩。而中国传统文化中的“人本主义”可以说是一种“道德的人本主义”，或者称之为“伦理关系中的人本主义”，它把“人”放在一定的关系中来讲一个人应该如何负起自己的责任。中国传统文化特别注重人的地位与作用，尤其重视人的精神，认为人之所以区别于其他自然存在物，就在于人具有其他存在物所不具备的伦理精神，这也即人的主体性、创造性。

经过长期的社会文化发展，我国的社会形态、社会性质与基础发生了巨大的变化，当代的人与封建社会的人的基本内涵有着质的差别，决定了

“以人为本”思想必将被当代人超越和提升。我国是社会主义国家，在人人平等的基础上，一切权力属于人民，每一个人都能以国家主人的身份参与社会生活的各个方面。中国特色社会主义为人人平等地位的实现提供了可靠的保障，社会主义的文化发展为人的全面发展提供了现实的可能和途径。以人为本是为了一切人的发展和进步，为了人的一切发展与进步。我国提出的以人为本的理念，不仅是在形式上对中国传统优秀思想的继承，更是在深层内涵上对其的超越和深度发展。

（二）“崇德尚仁”思想

中国哲学是伦理型的，古代哲学体系的核心是伦理道德学说。中国古代哲学的各家各派都很重视伦理道德的研究，比如儒家强调“内圣外王”，即以“仁、义、礼、智、信”修养自己的身心，规范自己的行为。人主（王）只有自己修养好，才能施仁政，才能推行王道政治。

儒家的这些思想实际上都属于伦理道德范畴，道家的许多思想也属于伦理道德范畴。老子曾从本体论的角度说明“万物莫不尊道而贵德”。至于道家的逍遥自在的人生观，崇尚自然、返璞归真的观念，追求自由平等、个性解放的思想，都与道德修养息息相关。

古代文学及艺术是以“善”为价值取向的，“文以载道，美善合一”强调文学对人的道德修养的“潜移默化”的作用，是文人一贯坚持的原则。文学作品中的褒贬、美丑都能体现多数人的道德价值判断。惩恶扬善是多数作品体现的主题，尤其是作品的结局，大都是正义战胜邪恶，幸福降临人间，然后大团圆，实际上，这是在对读者进行道德教育。

除哲学文学外，政治学成为道德评判，政事被归结为善恶之别、正义与邪恶之争、君子与小人之辨；史学往往以惩恶扬善和“寓褒贬，别善恶”为宗旨；教育更以德为首，德育为先，传授知识退居其次。

孔子对道德教育极为重视，将其放在教育的首要位置。孟子则继承和发展了孔子德育优先的思想，他认为人有仁、义、礼、智四方面的道德准则，且这四德都来自人自身的“善”端：“恻隐之心，仁之端也；羞恶之心，义之端也；辞让之心，礼之端也；是非之心，智之端也。”进而，他认为每个人都应该遵守道德准则，努力发挥善之德行。同时，他认为不仅个人如此，国家和社会也应该通过道德教育来弘扬德性。

（三）“贵和持中”思想

“贵和持中”作为中国文化的基本精神，使中国人崇尚和谐，做事不走极端；求大同而存小异，使人们相处得更为融洽。从更广泛的意义上讲，“贵和持中”是东方文明的精髓，它对社会秩序的和谐安定具有极其重要的作用。

“和合”是中国文化的内在精神，“和”的意识已经融入中华民族的血液，使中华民族成为一个爱好和平的民族。“以和为贵”是中国文化所倡导的处理内外关系的行动准则。

“和”是要求多样的平衡，是一种促进文化发展的思想。“贵和持中”是和合文化的具体实践，表现在两个方面：一是指人与自然关系的和谐。二是指人际关系，即人与人、人与社会关系的和谐，旨在承认人与自然的统一性。“中庸”则强调对待事物关系要把握一个度，“贵和”与“持中”有利于处理社会矛盾，保持社会稳定。“君子和而不同，小人同而不和，”这句话可谓至理名言，在认识事物的问题上，允许不同的观点存在方显君子气度。

中国传统文化中的中庸思想主要强调这几层意思：一是凡事追求一种至善的状态；二是寻求事物之间最和谐的关系；三是要允许处于同一群体中的不同事物保持其原有的个性，而不必舍弃个性。

中庸的和而不同，可贵之处就在于它保留了每一种事物的个别属性，使得世界丰富多彩。中庸之道强调做人处世要把自己的位置摆正，不自高自大。正如老子所说，大海之所以能吸纳百川之水，具有蓬勃不息的生命，是因为处在下位的缘故。做人做事也是同理，要把握度、要中和、要讲中庸。“中庸”绝不是无原则的一团和气，中庸是合理地把握规律，掌握度，是一种处世为人的哲学。中庸之道另一个含义是遇事心平气和——心平，则气和；气和，则人和、事和。

二、传统文化对学生的影响

在当今社会的发展中，传统文化还有着深远的影响，规范着我们的一言一行。因此，在校园文化中引入传统文化的内容，能够在丰富校园文化内涵的同时，培养学生正确的道德观、价值观，提高学生的人文素养。

（一）学生传统文化的缺失

在市场经济条件下，经过文化产业商的精心策划和包装，卡通艺术、商业电影、通俗文学、明星崇拜大量涌入学生的生活。随着网络技术的发展，上网成为当代学生主要的文化交流活动，成为学生消遣的主要途径。这些内容占据了学生大部分业余时间，很少有学生会通过各种途径去涉猎传统文化知识。

传统文化知识的不足也造成学生创新精神的缺乏。和谐的校园文化应是在不断创新中和谐发展的。传统文化是创新的基础，只有认真学习，深入领会，掌握了传统文化的精髓和优秀的经验，学生才能够不断地推陈出新、与时俱进。学生没有传统文化的底蕴，使他们涉及面过窄，思维广度与深度不够，进而好奇心不强，求知欲也就相应不会很强。同时，由于涉猎面过于狭小，其他领域的知识过于贫乏，也就很难让他们从多个角度来寻找解决问题的途径。

（二）学生传统文化缺失的原因

1. 外来文化的影响

在我国社会转型时期，在社会结构尤其是儒家文化中，人们之间首要的关系是血缘关系，这使得中国传统节日具有鲜明的血缘特征，人们参与传统节日的范围也多限于血缘共同体。西方的节俗都是有仪式和惯常活动的，具有自由和狂欢性的特征，这种狂欢是脱离常规的非常态，是对既有的秩序、制度和规范的大胆冲击与反抗。

2. 多元文化的冲击

青少年学生正处于人生观、价值观形成的阶段，思维较活跃，也相对独立，对新事物有较强的猎奇心理，判断事物的标准较多的依靠个人感觉，并非是从理性的角度考虑，表现出较为淡漠的政治意识。因此，在多元文化冲击下，这些学生的传统文化意识和传统道德意识日益淡薄，出现了传统文化的认同危机，导致文化归属感的缺乏。

3. 传统文化教育不足

教育的目的是培养全面发展的社会有用之才，但在教育实践过程中，通过传统文化教育对学生个性、理智、情感等方面的培养却被忽视了。学生接受和掌握传统文化知识应该主要在小学、中学和大学阶段的学习过程中，而现行的教育体制并没有走出应试教育的轨道，人们重视的依然是高考，学生学习的主要目的还是能考取一所理想的大学，各学校开展教学的目标也是提升高考的升学率。

（三）传统文化在校园文化中的融入

1. 在校园物质环境建设中融入校园文化

（1）校园建筑物中传统文化的建设

中国的传统建筑与园林、古典文学、书画艺术都强调“形神兼备”，校园传统文化环境建设必须与相关的传统文化理念、办学思想、师生的行为规范等相结合。因此，在校园环境文化中融入传统文化时，应以学校形象识别系统为依托，从校园传统文化环境建设着手，“造境转心，设景生情”，使师生“心随境转，情随景移”，然后再上升到传统文化理念、传统教育内容与传统行为方式的层面，达到境与心一体、情与景交融和“硬件”与“软件”合一的境界，进而把传统文化渗透到校园的每个角落。

（2）走廊环境建设

中华传统文化是我们民族的“根”和“魂”，更是我们民族文化发展的源泉。虽然时代在不断发展，但传统文化对于现代人依然有其独特的价值，尤其在培养学生的学习、德行、气质等方面，具有十分重要的作用。因此，当下学习传统文化是十分必要的，但不应该是一成不变地照抄照搬，也不是简单地依葫芦画瓢，而是需要将传统文化中的优秀品质与现代的先进理念相结合，从一个良性的角度重新认识和理解传统文化，以发展的眼光去学习传统文化，使其能为今天所用、为将来所用。

2. 在校园课堂文化中融入传统文化

在校园中开展国学教育是弘扬传统文化最直接的一种途径。学校应该有针对性地改革思想政治教育的传统模式，在充实“两课”内容、及时反映当代中国马克思主义发展的最新成果的同时，将国学的精华融入其中，并不断丰富教学形式，以增强思想道德教育的吸引力和感染力。

在国学教育中注重对中华民族历史文化的弘扬，通过对历史的学习和理解，使传统文化的引导、激励功能得到充分的发挥，增强历史使命感和责任感，提升学生的人文修养，培养积极向上的人生追求、重义轻利的价值观念、不屈不挠的民族精神等。

3. 在校园文化活动中融入传统文化

加强传统文化教育，促进学生和谐发展，不能仅仅依靠课堂内的学习，还要开展丰富多彩、喜闻乐见的课外活动。学校可以举办传统文化系列讲座，书法、篆刻、国画展览，古典诗词朗诵、创作比赛，历史话剧排演等活动，让学生亲自参与到传统文化的传承中，在各种活动中切身感受传统文化的魅力，把这些美的体验、德的熏陶转化为学生自身的修养和外在行动。

课外活动是校园不可或缺的一部分，丰富多彩的课外活动对培养清新活泼的校园风气、丰富学生课余生活、激发学生学习热情、提高学生综合素质、促进学生全面发展、实现学生社会化有重要的意义。课外活动可以让学生在文艺、科技、实践中展现自我，增强体质，陶冶情操，学到新鲜的知识，培养个人的兴趣、爱好，提高各方面的能力，在参加活动中获得丰富的生活体验和情绪体验。例如，某中学秉承优良的学院制传统，让书院成为学生学习和生活的重要场所，在书院内提供研讨会、师友计划、社区服务等多种课外活动，使学生获得全面发展。

第四节　学校文化传统的新生态建设

近年来，各学校在重构学校文化新生态方面做了大量的探索与尝试，确立了与高等学校无缝隙对接的学校发展模式，即以“推进学校内涵式发展，提升学校育人品质”为主线，“用课程文化丰厚素养，用行为文化提升内涵”为载体，用创新理念拓展未来，提升学校教育核心竞争力。

学校文化作为社会的亚文化，是教育工作者在长期的教育实践中留下的最厚重的精神文化，主要表现为学校的综合人格。学校一旦形成自己的文化，就会成为精神指引，每个成员都会得到强烈的“文化自信”，进而获得“文化意识”，即自觉践行学校核心价值观，高举理想信念的旗帜，自觉培育先进的学校文化意识和自信精神。

一、重构学校文化新生态的哲学基础

马克思主义经典著作在论证教育和人的全面发展关系时指出，教育是经济基础上造就人的全面发展的重要途径。因此，只有把人置于文化的生态中，才能实现个性和谐发展。在实际发生的现场域中，人的主动性、自主性、选择性、创造性才能得到充分释放。这就为创造学校文化新生态，充分挖掘人的潜能，进而为提升学校教育核心竞争力提供了依据。在教育教学实践中，只有把人的综合素养培育贯穿于每一个育人环节之中，才能克服现代教育中价值理性的迷失和人的物化与异化。生命哲学启发人们应该重视生命，使教育重新充满生命意蕴。独特性是人作为生命个体必然具有的特性，它要求教育应发展成为个性化教育，并期待通过这样的教育发扬生命的独特性。

在设计和实施教育时应该考虑到这一点：学生群体是绝对异质而相对同质的，整齐划一的教育和统一的评价手段有利于教育的规模化发展，但

不利于教育的科学化发展。因此，需要创建适合个体发展的个性化环境，以使个体生命绵延中的创造性表达能够有机会得以发挥。只有在自主选择的基础上，生命独特性的优势才会得到最大化、最优化的发展。理想的个性化教育不是用统一的标准去检验，不是以单一的方式和内容去施教，它不仅不会遮蔽个体特质，而且还能将个体的优势潜能发展为特色，使生命的独特性得到表达。

二、重构学校文化新生态的必然选择

核心素养本位将成为未来高考的选拔标准。核心素养评价将对高考未来的变革提出挑战，如新高考改革呈现出的多元化倾向，未来高考在评价方式、评价理念等方面都须做出深入的改革，以利于选拔具有核心素养的优秀人才。《中国高考评价体系》对“核心价值、学科素养、关键能力、必备知识”的四层考查内容给出了详细规定，这四个层面紧密关联，构成有机整体，体现了对综合素养和多元评价方式的关注。多元评价方式将使学校教育从工业时代对标准化人才的需求转向智能时代对个性化人才的需求，倒逼学校从同质化发展转向学校个性化发展；多元评价方式旨在为不同发展需求和不同发展方向的学生提供多样化的评价方式；多元评价方式将有利于人才结构多元化发展，适应时代需要。经济社会发展实现了从工业时代到现代科技信息时代的转型，社会发展格局多元化，高考的评价方式须适应新时代对人才结构的需求。过去单一考试成绩的评价方式造成了人才培养的模具化。新高考多元评价方式的探索旨在评价和引导学生发展多元素养结构，并培养多样化、有特色的各类人才。

三、学校文化新生态建设过程中的实践策略

对于学校来说，因为新高考改革关键在于改变“考试文化导向的单一评价”，创建“育人文化导向的多维评价”，这一变化必然要求重构学校文化新生态，在动态博弈中关照人的生命价值。

（一）创新扁平化管理运行机制

扁平化管理运行机制强调系统整合和组织优化，释放教育教学管理主体的自主权。通过机制创新，学校的管理机制已逐步由传统的“金字塔式”管理转变为扁平化管理。通过扁平化管理模式，以其灵活性和开放性，赋予教师和学生参与学校管理更多的自主权，促使学校教育新生态的形成。围绕现代教育管理理念，大力实施高效务实的人本化管理，着力推进校务治理规范化、民主化，建构有利于学校实现跨越式发展的校务治理运行机制。近年来，通过对扁平化管理运行机制的创新，提升了学校教学效能感和学校归属感。

（二）以教育科研为发展的切入点

学校教育实践都是在动态中生成的，需要教师具备现场发挥应变能力的教育智慧，而教育智慧的生成又离不开学校教师的专业化发展。教育智慧是教师借助于自身的经验、情感、理性和素养等，把握教育时机，根据教育教学情境所表现出来的教育机制。教育机制需要以丰厚的教育理论和实践为基础。各教研组则根据学科特点阅读专业书目，规定教师必须开展教育叙事和校本行动研究，强调的是教师在教育实践中糅合个人知识底蕴、逻辑思维、个性风格等，形成具有强烈个人风格的教育智慧，这种智慧是“做”出来的，而不是“想”出来的。它促使教师在开放的视域中实行项目共担、成果共享，促进教师之间的专业合作与对话，提高教师的专业情感和教育智慧。通过建立“名师工作室”，实现目标引领，培育“学科大师”，使具有话语权的教师成为高中学科教育的“领军人物”。

（三）立足实践，开发复合型课程

课程是学校教育的载体，课程的结构化可以考量学校教育的育人品质。学校结合办学历史和实践，建立了基于学校特色育人目标的课程体系。重构原有三级课程，既体现学科课程，也开发跨学科课程；既体现基础性，也追求选择性；既体现知识性，更追求体验性，最大限度发挥课程育人功能。在通识教育基础上开设复合型创新课程，以军校班为载体，培养学生创新人格特质。

学校立足于学生创新潜能的培养，确定了“通识教育课程”和“创新教育课程”相结合的课程体系。“通识教育课程”强调在学科的教学设计上要对创新能力的培养有所考虑。同时，发挥学校德育课程体系在学生培养方面的重要作用，开拓国际化的校本课程，开阔了拔尖创新人才的国际视野，并注重校本课程的国际输出和引用。

（四）创新课堂教学模式

现代教育理论认为，课堂是动态生成知识和能力的过程，尤其是思维在动静结合的过程中打造高效课堂，逐步走向以高阶思维为导向的教学模式。牢固确立课程意识与课标意识，依法开设课程，倡导有效教学，打造优质课堂，提高课堂教学效益，提高教学质量。学校把课堂教学模式分为新授课、习题课、实验课、复习课等多种类型。例如文科的新授课包括课前预习、出示教学目标、激情导入、整体研学主题探究、突破重点深入探究、教师精讲适时点拨、适当拓展巩固提升、课堂总结八个环节；复习课包括总结命题思路规律、总结解题思路方法、验证解题思路方法和巩固补充四个环节；讲评课包括自我校正、合作交流、重点研讨、梳理巩固、反思总结五个环节；阅读课包括学生阅读材料、交流讨论、教师指导、谈阅读意见、做笔记五个环节；写作课包括读例文、谈见解、找标准、改作文四个环节；训练课包括检测学生、查找问题、针对训练三个环节。理科的新授课包括知识回顾、问题导入、板书课题、交流研讨、知识内化、针对训练、课堂总结七个环节；复习课包括知识回顾、例题精讲、总结提升、针对训练、研讨释疑、效果点评、课堂总结七个环节；实验课包括理论知识讲解、实验器材介绍、实验步骤讲解、强调实验安全、进行实验操作、填写实验报告、实验试题训练、整理讲评总结八个环节。课型不同，课程性质不同，教师的授课方式不同，教学组织和教学流程就会呈现出很大的差异性。

教师转变自己的教学方式，不是做课堂的掌控者，而是要通过真实的情景和多元化的学习方式，如小组讨论、议题式深度学习、项目式学习、实践探究式学习等，把知、情、行、思、信等要素相融合，营造出具有活力的课堂文化。深入挖掘语言符号背后的学科知识内容和意义所包含的精神、价值、方法、文化意义。

第四章

高中课程建设与教学改革实践案例研究

新时代高中学校管理必须适应社会发展需求和人类文明发展的需要，高中学校需要积极从学术思想出发，积极探索课程建设与教学改革的实践，本章以广东省清远市梓琛中学为例进行相关的分析论述，通过案例来完善与发展教学改革的相关内容。

第一节 以校为本的课程体系设计与实施案例

本节内容以清远市梓琛中学“广智教育”素养培育的特色课程建设为例来论述分析。

学校课程以教育部门课程标准设置的教育教学目标体系为框架，融合各科课程资源，帮助学生获得知识养分、个性能力，培养学生的社会综合实践能力。课程是培养学生的基本载体与工具，是学生成长的知识源泉、品德源泉、智慧源泉。梓琛中学以个性化学习和校本特色课程为追求目标，结合传统文化，走特色办学的道路，校本特色课程的表现形式主要为：（1）国家课程校本化；（2）德育活动课程化；（3）本土课程个性化。通过校本特色课程建设形成学校发展特色，并依托校本课程对学生进行中国传统文化教育。充分利用清远地域特色文化培养学生的家国情怀，培养学生对中华优秀传统文化的文化认同，认识中华优秀传统文化的价值内涵和现实意义，树立正确的传统文化观以及文化自信，并逐渐内化为理想信念和精神动力，培养学生健全的人格，全面提升学生的综合能力。

一、以校为本的课程体系建设背景

（一）课程建设的背景

1. 学校基本情况

梓琛中学前身为广智中学（汇集广大人民智慧和力量的意思），校址位于清远市清城区石角镇灵洲管理区，筹建于 1986 年，于 1987 年 9 月正式招生，主要由香港同胞捐款兴建。

1992 年，在清城区人民政府和教育局的领导下，开办普通高中教育。2002 年 10 月，为纪念香港同胞梁定墀先生的义举，经省教育厅同意，市政府和市教育局批准，将广智中学改名为梓琛中学。2003 年 9 月，学校以创建省教育强镇为契机，把周边规模较小的石角四中和石角五中整合到梓琛中学。2008 年 11 月成功创建为清远市一级学校。2013 年 9 月，梓琛中学初、高中分离，高中部划归市教育局管理。

2. 学校办学思想和宗旨

学校以创建高中特色化学校为目标，树立现代教育理念，依据正确的教育观、课程观、人才观、质量观调整办学思路，坚持“立德树人”之本，以“强师”为抓手，大胆推进管理改革、课程改革和课堂改革，促进师生多元发展，切实贯彻学校“为每一个学生创造美好未来”的办学思想，弘扬“尚学如梓，立德如琛”的校训，立“自胜致远”精神，把学校打造成清远享有良好声誉的现代化、高素养、有特色的实验性综合高中示范校。

“现代化”指：首先是办学条件上实现了跨越式发展，按省一级学校标准完善办学物质的现代化，随后着眼于学校内涵的现代化，思想观念、教学方式、学校制度等都要逐步适应“现代化”的需要。

“高素养”指：学校除教学质量实现“一流村校”外，着眼于师生素养上，在“农村城市化”的进程中，师生的眼界、心胸、行为举止、思维方式、人际交往、教学与学习方式等都要逐步达到都市的素养要求。

“有特色”指：致力于把办学实践中已形成的特色项目和特色策略方案加以提炼、综合，发展成为具有鲜明个性的学校办学特色。

学校办学理念：家校相融，师生相长，德才相生。

学校育人目标：培育具有现代化素养、家国情怀、国际视野的“三善学子”。

学校发展定位：多元课程育人，努力创建清远人文育人特色高中。

3. 特色课程开发的现状

梓琛中学在30多年来的办学历程中，锐意进取，开拓创新，实现了快速发展，向社会展现了生机勃勃的精神风貌。学校积极转变育人模式，调整优化课程结构，开设选修课程，实施学科综合实践活动，在减轻学生负担的同时提高学习质量，取得很大的成绩。课程改革已成为传播先进教育理念、全面推进素质教育的重要抓手。目前，梓琛中学积极推进课程改革和课堂改革，构建多元教学体系，在教学实践中逐渐形成了具有梓琛中学特色的品牌课程。

（1）以“广智教育”构建的育人课程体系

以梓琛精神为精髓，以“广智”文化统筹学校的德育课程、学科课程和师生的各种课内外活动。通过三善教育，提高学生自胜素养，达到自能、自省、自养、自创。“广智教育”具体在教育内容体系中可表现为：厚德、尚学、善娱、雅言、明辨、慎行、包容、创新等共八大模块，即：厚德固做人之本，尚学得生存之道，善娱享生活之趣，雅言立处世之礼，明辨获独立之思，慎行守法纪之规，包容纳多元之智，创新拓未来之途。

（2）以升学管理为指向的生涯规划分类课程

作为生源起点最低镇域高中学校，围绕学生出路问题，在教学实践中结合新的招生考试制度，分别从春季高考、夏季普通高考、特长生高考和普职衔接招生等方向规划课程改革，构建与此配套的综合性课程体系。学校以培养目标为依据，以拓展课程的广度和深度为重点，以提供多元选择的菜单式课程为方向，努力完善梓琛中学的学校课程体系。学校课程分为基础型课程、拓展型课程和活动型课程三部分。基础型课程（国家课程为主）是学生知识、技能和身心可持续发展的共同基石，在实施形态上为必修，这部分课程占学生修习课程的70%左右；拓展型课程是为学生个性发展而开发的，是学生特长、专业倾向进一步提升和完善的发展阶梯，在实施形态上为必修或选修；活动型课程是重点为培养学生学习兴趣、创新精神与实践能力而设置的，兼具专题性、开放性和综合性的特点，在实施形态上为教师指导下的自主活动。拓展型课程和活动型课程占学生修习课程的30%左右。

（3）以校本课程——“家书”引领出各学科的特色校本课程

学校以“家书”教学为育人载体，融“广智”文化内涵，以“书信+书法”为表现形式，打造人文主义教育内涵的特色校本课程，带动各学科开发与传统文化相结合又饱含人文精神的校本课，发展为以“家书”教育为引领的“人文教育”特色学校。

① 自胜素养

“自胜”语出老子《道德经》第三十三章“知人者智，自知者明。胜人者有力，自胜者强”；《论语》云：己欲立而立人，己欲达而达人。大智慧者可以立人、处世的核心精髓是“自胜”素养。自胜——成为梓琛精神的文化体现与行动口号，学校要求师生“自能、自省、自养、自创”。

自能——培育科学素养与人文素养；

自省——培育品德素养；

自养——培育艺术素养与身心素养；

自创——培育创造素养。

② 广智教育目标

以梓琛精神为精髓，以“广智教育”理念统筹学校的德育课程、学科课程和师生的各种课内外活动。通过三善教育，提高学生自胜素养，达到自能、自省、自养、自创。

③ 广智教育内容体系

广智文化教育重点突出以下八个方面：厚德、尚学、善娱、雅言、明辨、慎行、包容、创新。

（二）特色课程建设的原则

1. “以生为本”的原则

高中阶段教育是学生个性形成、自主发展的关键时期，对提高学生素质和培养创新人才具有特殊的现实意义。因此，特色课程建设要坚持以学生为主体，面向全体学生，充分尊重绝大多数学生的学习基础与生活经验，尊重学生发展的独特性和差异性，从学生的发展水平出发，通过校本课程的开发实施，进一步优化学校的课程结构，使课程更加贴近时代、贴近生活、贴近学生，满足学生多样化的发展需求，实现学生的个性化培养，促进学生的个性化成长，贯彻梓琛中学“以生为本”的办学思想。

2. 传承性与时代性相结合的原则

梓琛中学办学已有30多年的历史，在发展历程中积淀丰厚的“广智”优良传统，因此，学校更应坚守“广智”的传承性，通过课程设置与实施，将广智文化中的精神因子以课程为载体传递给学生，培养深厚的梓琛情怀。“时代性”是指从社会发展的特点来看，学校的课程必须为促进社会发展这个大局服务，不仅要着眼于学生对知识的领会，还要联系学生当前和未来生活的需要，让学生成为能够学以致用、健康生活，又具有家国情怀、创新能力、国际视野的幸福人才。

3. 德育性原则

学校在开设特色课程过程中不仅要重视文化素养，也要重视学生思想道德品质的提升。梓琛中学在开发实施特色课程的过程中，充分贯彻“以人为本，开拓创新，突出特色，全面发展”的德育理念，通过情感体验、行为历练等德育模式不断提升学生的思想道德品质。

4. 发展性原则

特色课程开发不仅仅要着眼于学生的发展，同时也要着眼于每位教师、每个特色学科课程的发展。梓琛中学坚持以特色课程的开发实施为载体，促进教师的专业成长。在特色课程开发实施的研究和实践中，努力造就一支兼具课程实施能力和课程开发能力的教师队伍。同时，梓琛中学从学生培养目标和时代发展对人才的要求出发，不断开发特色课程的后续课程和开发现有不足的课程，促进学校个性化办学，促进学校快速、持续、健康发展。

（三）特色课程建设的总体目标

1. 形成具有“广智”文化特色的课程体系

学校特色课程体系结合新的高考招生考试制度，围绕学生的出路问题，尊重学生的个性发展，满足不同基础的学生的学习，实现减负增效；学校通过进一步优化学校的课程结构，使特色校本课程建设成为学校教育教学质量提高的新的增长点；形成与校本课程的开发实施相适应的组织管理体系，充分挖掘现有的课程资源，开发一批高质量的特色课程。

2. 形成科学、民主、高效的学校管理机制

学校在开发和实施特色课程的同时，通过不断实践逐步形成了科学、民主、高效的学校管理机制，增强“广智”内驱力。学校在办学中突显以人为本的办学理念，实现“学广智之规，立广智之标，练广智之行，正广智之气”。

3. 营造“广智”文化的校园环境，实现环境育人

以梓琛精神为精髓，以“广智”文化统筹学校的德育课程、学科课程和师生的各种课内外活动。通过“梓琛精神、三善学子、广智文化、自胜素养”的广智文化体系和以“家书”为表现形式的书法特色教学提高学生自胜素养，达到自能、自省、自养、自创。

4. 为学生个性发展和教师专业发展提供载体

通过特色课程的开发和实施，增强课程对学生发展的适应性，不断改

善学生的学习方式，培养学生的个性特长，满足学生的兴趣爱好。同时，在特色课程的开发实施中，确立“教师是学校发展的核心力量”的管理理念，通过选派优秀教师参与特色课程的开发实施，并为教师搭建横向与纵向的培训、进修平台，促进教师的专业成长与提升，逐步形成一支骨干队伍，促进教师队伍课程建设总体水平的提高。学校以紧抓特色课程建设为契机，加大特色课程的开发与实施力度，促进学校办学质量的不断提高和办学层次的不断提升，使学校的办学特色更加鲜明，示范辐射作用更为明显。

5. 形成学生发展的多元评价体系

在实施特色课程中，面向全体学生，尊重学生个性发展，逐步形成不同层面的学生发展的评价体系。学校通过开展丰富多彩的活动，深化“广智”文化教育，促进学生的全面发展，形成德、智、体、美、劳等多方面，家长、学生、教师、行政等多主体，注重过程性和最终性评价结合的评价体系。

二、课程体系设计的具体内容

（一）学校课程体系——“广智”模式的广智文化教育课程体系

按照党中央提出“把立德树人作为教育的根本任务”的要求，以及学校的教育理念和培养目标，转型之初，学校先建造构建由“三善学子”三大层次课程群组成的“树人”模式的“广智文化教育”课程体系，让每位学生茁壮成长。

善做人：内容上包括思想道德教育、法制教育、人类优秀文化教育等活动课程，同时推进校园精神文化层面的学校制度、学校精神、人际关系、教师风范、校园环境等隐性课程建设，使学生人格健全，懂得感恩，学会做人。

善学习：包括人文社会、科学技术、生涯发展、职业能力等课程。教学过程注重实践和操作，课堂教学落实学生主体培育学习习惯与思维方法，生涯规划发展由导师引领，职业技能培养促进体脑协调发展和专业性向发展。使学生人文和科技兼修，会学习、会运用，能创新、能发展，学会学习。

善生活：包括体育健康、艺术、安全知识教育、生活技能等课程。注重个性特长发展，提升安全和身心健康自我管理；注重财经素养教育，提高生活能力和生活质量。使学生珍惜生命、学会健身、学会生活、有兴趣爱好。

（二）三大课程群重点研发的课程和特色课程建设

1. 善做人——修身至善之自省课程群

表 4–1 自省课程群

发展水平	学分类别	学习领域	修习方式	课程内容	说明
基础类	必修	思想品德	必修	必修课程中的情感态度和价值观教育	学科制订方案
基础类	专题	思想品德	必修	思想品德系列讲座	班团活动
基础类	社会实践	思想品德	规选	师生志愿爱心环保	
基础类	社会实践	思想品德	规选	社区服务系列	
拓展类	知识拓展	思想品德	选修	高中生核心价值观讨论	
研究类	社会实践	思想品德	选修	社会道德情况调查	
基础类	专题	法制教育	必修	法制教育系列讲座	
拓展类	知识拓展	法制教育	选修	旁听法庭	
研究类	社会实践	法制教育	选修	模拟法庭	
基础类	专题	中华传统	必修	爱国教育	
基础类	专题	中华传统	规选	中华传统礼仪修身	
拓展类	知识拓展	中华传统	选修	寻觅节日诗情	
拓展类	知识拓展	中华传统	选修	民俗文化欣赏	
拓展类	知识拓展	中华传统	选修	中华上下五千年解读	
研究类	知识拓展	中华传统	选修	优秀中华传统	

续表

发展水平	学分类别	学习领域	修习方式	课程内容	说明
基础类	知识拓展	地方文化	选修	清远文化	清远市博物馆
拓展类	知识拓展	地方文化	选修	书法文化在清远	
拓展类	知识拓展	地方文化	选修	我们可爱的乡音	
研究类	社会实践	地方文化	选修	乡土文化调查	
基础类	专题	校园文化	必修	励志教育	
基础类	专题	校园文化	必修	成人礼	
拓展类	专题	校园文化	规选	校园文化系统识别	
研究类	社会实践	校园文化	选修	校史、校风等研究性学习	
基础类	知识拓展	国际视野	选修	世界地理（各国风情）	
基础类	知识拓展	国际视野	选修	近期国际要闻	
拓展类	知识拓展	国际视野	选修	世界风云人物	
拓展类	知识拓展	国际视野	选修	英语社交技能	英语话剧社
研究类	探究调查	国际视野	选修	世界政治格局	

2. 善学习——启智创新之自能、自创课程群

表 4–2 自能、自创课程群

发展水平	学分类别	学习领域	修习方式	课程内容	说明
基础类	必修	人文社会	必修	国家人文社会类课程	学科制订方案
基础类	知识拓展	人文社会	选修	家书写作	
基础类	知识拓展	人文社会	选修	写作与语用文	
基础类	知识拓展	人文社会	选修	英语词汇掌握技巧	
拓展类	知识拓展	人文社会	选修	战争史话：经典战役	
拓展类	知识拓展	人文社会	选修	看百家诗坛，品百味诗歌	

续表

发展水平	学分类别	学习领域	修习方式	课程内容	说明
拓展类	知识拓展	人文社会	选修	古希腊罗马神话鉴赏	
拓展类	知识拓展	人文社会	选修	一蓑烟雨任平生：解读苏东坡	
拓展类	知识拓展	人文社会	选修	红楼群芳谱 大观园里的人物故事	校本课程
拓展类	知识拓展	人文社会	选修	影视名作赏析	
拓展类	知识拓展	人文社会	选修	《史记》之英雄传奇	
拓展类	知识拓展	人文社会	选修	文学作品（散文小说）阅读	
拓展类	职业技能	人文社会	选修	书法课程	
拓展类	知识拓展	人文社会	选修	中国（国家）地理	
拓展类	知识拓展	人文社会	选修	地理图表解读	
拓展类	知识拓展	人文社会	选修	通史常识解读	
拓展类	知识拓展	人文社会	选修	看美剧学英语	英语话剧社
拓展类	知识拓展	人文社会	选修	外国（英美）文学赏析	
拓展类	知识拓展	人文社会	选修	唐诗宋词吟唱	
拓展类	知识拓展	人文社会	选修	古诗歌中的爱恨情仇	
拓展类	知识拓展	人文社会	选修	历代笔记小说选评	
拓展类	职业技能	人文社会	选修	旅游交际英语	
拓展类	职业技能	人文社会	选修	实用生活英语	
拓展类	社会实践	人文社会	选修	博览群书--读书节	
拓展类	知识拓展	人文科学	选修	生活中数学的味道	
拓展类	知识拓展	人文科学	选修	课本外的物理与历史知识	
拓展类	知识拓展	人文科学	选修	学习的智慧——学能开发	
研究类	知识拓展	人文社会	选修	学生研究性学习自创课程	
研究类	知识拓展	人文社会	选修	家书写作	
基础类	必修	科学技术	必修	国家科学技术类课程	学科制订方案
基础类	知识拓展	科学技术	选修	高中数学纵横谈	

续表

发展水平	学分类别	学习领域	修习方式	课程内容	说明
基础类	知识拓展	科学技术	选修	高中数学思维基底	
基础类	知识拓展	科学技术	选修	物理基础构建	
基础类	知识拓展	科学技术	选修	生物中的思维误区	
拓展类	知识拓展	科学技术	选修	趣味数学	
拓展类	知识拓展	科学技术	选修	科幻作品赏析	
拓展类	知识拓展	科学技术	选修	物理思维提升	
拓展类	知识拓展	科学技术	选修	数学思维拓展	
拓展类	知识拓展	科学技术	选修	走进无机世界	
研究类	知识拓展	科学技术	选修	数学问题高级研讨	
研究类	职业技能	科学技术	选修	我爱创新	
研究类	知识拓展	科学技术	选修	走进趣味实验	
研究类	知识拓展	科学技术	选修	学生研究性学习自创课程	
基础类	职业技能	生涯规划	规选	生涯规划指导	
拓展类	职业技能	生涯规划	选修	成功人士生涯发展学习系列	
研究类	社会实践	生涯规划	规选	学生职业生涯规划制订	
基础类	知识拓展	地方经济	选修	清远地方特色文化和经济	
研究类	社会实践	地方经济	选修	地方经济社会探究	
基础类	职业技能	职业技能	选修	3D 打印	
基础类	职业技能	职业技能	选修	创客与应用	
拓展类	职业技能	职业技能	选修	现代快乐电工	
拓展类	职业技能	职业技能	选修	平面设计	
拓展类	职业技能	职业技能	选修	VB 编程深入	电脑社团
研究类	职业技能	职业技能	选修	金融与理财	
研究类	职业技能	职业技能	选修	动漫设计	动漫社团

续表

发展水平	学分类别	学习领域	修习方式	课程内容	说明
基础类	知识拓展	创领能力	选修	学生团校	
拓展类	知识拓展	创领能力	选修	朗读与演讲	
拓展类	职业技能	创领能力	选修	辩论技巧	
研究类	社会实践	创领能力	选修	族谱研究	
研究类	知识拓展	创领能力	选修	物理创新实验	
研究类	知识拓展	创领能力	选修	探秘化学反应	
研究类	职业技能	创领能力	选修	领袖培养	
研究类	社会实践	创领能力	选修	科技创新——科技节	

3. 善生活——康宁闲趣之自养课程群

表 4-3　自养课程群

发展水平	学分类别	学习领域	修习方式	课程内容	说明
基础类	必修	身体健康	必修	国家体育课程	高二分项目选课走班，学科制订方案
基础类	专题	身体健康	规选	中学生性卫生教育	
基础类	社会实践	身体健康	规选	阳光大课间	
拓展类	社会实践	身体健康	规选	远足活动	
拓展类	知识拓展	身体健康	选修	高中生公共营养常识	
研究类	兴趣特长	身体健康	选修	传统体育	
基础类	社会实践	心理健康	规选	心灵有约	全员测试自主约见
拓展类	社会实践	心理健康	选修	心理社团	
研究类	社会实践	心理健康	选修	阳光心理愉悦生活	
基础类	社会实践	安全教育	规选	安全技能教育	知识讲座
拓展类	知识拓展	安全教育	选修	巧用物理，远离灾害	
拓展类	知识拓展	安全教育	选修	认识台风防灾减害	

续表

发展水平	学分类别	学习领域	修习方式	课程内容	说明
研究类	社会实践	安全教育	规选	避灾预案及演练	
基础类	兴趣特长	体育兴趣	选修	乒乓球基础	
拓展类	兴趣特长	体育兴趣	选修	醒狮	
拓展类	兴趣特长	体育兴趣	选修	啦啦操	
拓展类	兴趣特长	体育兴趣	选修	快乐足球	
拓展类	兴趣特长	体育兴趣	选修	羽毛球技战术提升	
拓展类	兴趣特长	体育兴趣	选修	健美操	
拓展类	兴趣特长	体育兴趣	选修	快乐瑜伽	
拓展类	职业技能	体育兴趣	选修	保健推拿	
拓展类	社会实践	体育兴趣	规选	校园体育节	
研究类	兴趣特长	体育兴趣	选修	道家养生术	
研究类	兴趣特长	体育兴趣	选修	竞技体育	
研究类	兴趣特长	体育兴趣	选修	五子棋、围棋	
研究类	兴趣特长	体育兴趣	选修	中国象棋残局教程	
基础类	必修	艺术兴趣	必修	国家艺术课程	学科制订方案
拓展类	兴趣特长	艺术兴趣	选修	民间音乐	
拓展类	兴趣特长	艺术兴趣	选修	中国工笔花鸟画	墨趣园
拓展类	知识拓展	艺术兴趣	选修	粤音雅韵之美丽粤剧	
拓展类	知识拓展	艺术兴趣	选修	听音乐讲故事	
拓展类	兴趣特长	艺术兴趣	选修	毛笔书法	
拓展类	兴趣特长	艺术兴趣	选修	应用文写作	
拓展类	兴趣特长	艺术兴趣	选修	数字油画	
拓展类	兴趣特长	艺术兴趣	选修	尤克里里弹唱法	北江合唱团
拓展类	社会实践	艺术兴趣	规选	校园文艺节	
研究类	职业技能	艺术兴趣	选修	摄影技术与艺术	
研究类	职业技能	艺术兴趣	选修	我爱编歌词	
研究类	兴趣特长	艺术兴趣	选修	艺术高考	
研究类	兴趣特长	艺术兴趣	选修	表演艺术	

续表

发展水平	学分类别	学习领域	修习方式	课程内容	说明
研究类	社会实践	艺术兴趣	选修	激情社团系列	
基础类	职业技能	闲趣生活	选修	快乐烘焙	
拓展类	知识拓展	闲趣生活	选修	日常生活中的化学	
拓展类	职业技能	闲趣生活	选修	家用照明电路	
拓展类	职业技能	闲趣生活	选修	十字绣制作技能	
拓展类	兴趣特长	闲趣生活	选修	钓鱼与休闲	
拓展类	职业技能	闲趣生活	选修	织乐，知乐	
研究类	职业技能	闲趣生活	选修	广东特色烹饪	
研究类	社会实践	闲趣生活	选修	校园蔬菜种植探究	
研究类	社会实践	闲趣生活	选修	水族技术初探	

三、特色课程的实施内容

（一）基础类课程实施

学科内容调整由教研组集体研究、制订方案，包括教学进度、教学内容把握、顺序安排、重难点把握、集体备课编写校本教案等。

1. 学科课程知识的整合

学校在坚持省课改基本精神的前提下，根据自身的性质、特点和条件，将国家统一规划、面向全体学生的课程创造性地转变为适合本校学生学习与发展的课程。梓琛中学基础类课程的创造性实施主要是对学科课程知识的整合，是以重新回到学科原点，深入剖析本学科的《课程标准》和《广东省学科教学指导意见》，认真研究学生认知的发展规律，并结合梓琛中学的生源情况、学生学习的特点为整体思路，通过“课程核心知识的学习与掌握”“知识模块重组、内容合并与增删”“编写校本教材”三种途径，逐步形成适合梓琛中学学生实际的校本教案、学案设计、练习（试题）设计，逐步减少必修课程授课课时，探索必修课程分层走班教学，切实减轻学生负担，提高教学质量。

2. 课程核心知识的学习与掌握

任何教学形式都是为教学内容服务的，并以提高教育教学质量为目的。以学生学习方式的转变为条件，探寻学生有效学习的途径，积极构建“核心知识教学”的高效课堂。在学科课程常规课堂教学中，学校要求教师把核心知识从繁复芜杂的课程知识中提炼出来，并使之成为课堂教学的依托与主线；把课程中的次要知识交给学生，让其通过课前预习、自主研读与小组研讨的方式来完成；或与拓展课程整合，后进生通过查缺补漏课程学习，优秀生通过加深延伸拓展课程学习。以此促进学生主动地、富有个性地学习，提升课堂中学生的学习效能。

3. 通过知识模块重组、内容合并与增删，提高教学质量

在保证必修课程核心内容学习与掌握的基础上，增强知识模块间内容的关联性和连续性，部分知识内容可尝试打破模块与学科的束缚，进行相关知识点的整合。

通过知识模块重组、教学内容的合并与增删，形成符合梓琛中学实际的校本化教学内容，提高教学效果。教学形态有打通必修与选修、面向全体基础的个性选择的课程。各学科研究与完善《学科课程建设纲要》。

4. 国家课程校本化

基础课程实施的有效性在于其校本化的教研工作。提倡教师根据本校学生实际，本着国家课程的科学性、连贯性、多元性、多层性的原则改编或自编教材，鼓励在类型上从单学科（纵向）向跨学科（横向）、多学科（交叉）发展。

对必修课程进行二次开发，把校本学案或讲义作为校本“教材”，把原课本作为学习资料（学材），减少基础课程教学课时数（每模块减少5课时左右），将查缺补漏和加深延伸的“两头”教学内容融入拓展、研究类课程内容中，让学生根据自身实际有选择性地学习。以优势学科（如语文）为试点，开发校本基础课程教材，分行政班授课核心知识的教材——学科基础课程校本必修教材、查缺补漏拓展教材、加深延伸拓展教材。

（二）课程内容的层次选择性

1. 处理降低内容“难度”和扩展知识面“广度”的关系

同一行政班学生的知识基础、学习能力存在很大差异，因此行政班授课的常规课堂必须降低内容“难度”，保证每个学生达到共同基础，确保学生学习的信心和兴趣。

各学科根据学情分类别、分层次设计多样的和可供具有不同发展潜能的学生选择的课程内容，从而满足学生对课程的不同需求，扩展知识面“广度”。学校为每一课程设置了“基础层”“拓展层”“研究层”三层内容，供每位学生自主选择，这样的课程内容结构较好地兼顾了学生基础知识掌握程度、学力与能力、个性特长的共同发展。如数学课程中《高中数学思维基底》《趣味数学》《高中数学思维拓展》《数学问题高级研讨》就是分别按照“基础层”“拓展层”“研究层”三层设计，以满足不同发展水平的学生学习。

2. 做到学科分层

为给不同层次的学生提供合适的学习条件和必要的学习机会，满足他们不同的学习需求和发展需要，在基础类课程的实施过程中，我们实行学科分层教学。学科分层教学就是根据学生学习的可能性水平将其分为不同的层次，并确定与各层次学生的实际可能性相协调的分层教学目标，从而便于教师把教学难度确定在每个学生的“最近发展区”中，使每个学生在其原有的基础上都能得到提高与发展。梓琛中学实行动态性的二类分层学习，即基础课的分层走班学习、基础课的班内分层学习。这是根据学生的实际需求，在兴趣取向分类的基础上实行的多层次、立体的分层学习制度。

3. 课堂教学的改革

课堂教学改革是落实新课程的核心基础。要想真正落实新课程的理念、要求和标准，不仅要关注静态的课程（课程体系、课程标准、课程目标），更要关注动态的课程，即课程的课堂生成。如果没有课堂教学的变革，没有与新课程理念、要求相适应的课堂教学模式，新课改是无法真正落实的。梓琛中学鉴于多数学生学习基础薄弱、缺乏学习方法和主动性、时间利用率较低的情况，不断重视教学方法研究，关注教学进程的设计，开展独特的学习活动，探索适合本校学生学习的教学方式和策略，在实践中努力构建“有生命活力的幸福课堂”，推动学生思维的发展，激发学生学习兴趣，培养学生学习能力和学习习惯。

聚焦课堂。设立“小组合作学习”实验班，积极推进“先学后教，当堂训练”的教学模式，改变陈旧的师生课堂行为习惯，解决学生课堂思考、讨论、发言、动笔少等的情况，落实学生主体积极学习的课堂转型目标；借助网络课程、在线慕课等现代信息技术，培养学生自主学习的习惯和能力；减少课后书面作业量，追求课后学生自主消化知识，追求绿色的教学质量。

4. 开展精品课建设，推进学科发展

精品课建设是提高教学质量的关键手段之一，也是学科建设的重要组成部分。精品课是高水平、有特色的学科课程，是具有影响力和示范性的课程。学校通过建设语文、物理等学科精品课的试点，促进教学观念的转变，深化教学体系、内容、方法的改革，体现教学理念的变化。按语文、物理，英语、数学，地理、生物等学科顺序，每学期推进 1-2 个精品学科建设。

(1) 校本整合，有效推进

必选课程的校本化实施。梓琛中学通过编写模块课程方案，设计模块课程实施计划，通过以课堂教学设计为主题的有效教学研究活动，探索课堂教学中各个要素之间的联系，提升教师专业化水平；通过编制和使用校本教案、学案改进课堂教学的有效性，探索新课程理念和标准下的课堂教学模式，落实新课程的三维目标要求。

(2) 学科呈现“基础、拓展、研究”三个层次的梯度，并且层层推进

第一层次的基础课程是与国家课程相对应的必修课程，教研组要通过整合、压缩、拓展、个性化，进行校本化设计。通过知识模块重组、内容合并与增删，提高了教学质量。这样具有选择性、层次化、体系化的校本

化的国家课程——核心课程体系，实现了既高质量地完成国家课程，为全体学生的发展打下共同基础，同时又尽量满足不同层次学生的需求的宗旨。核心课程教学必须注重核心知识的学习，必须强调课堂教学的重要性。在核心课程实施过程中，必须对国家课程进行校本化设计，瘦身必修内容，开发国家课程的校本教案、学案，开发与国家课程同步的选修教材。

第二层次的拓展类课程应该体现基础性，但更应该致力于让学生有选择地学习。拓展类课程可以根据不同的学段、不同学生的水平，开设相应的课程，分别面向查缺补漏和加深延伸，促进学生有个性地发展。拓展类课程旨在满足学生兴趣与个性需求，全面提升素养，为学生的特长发展和未来专业化发展奠定基础。

拓展类课程在教学方法上也有别于核心课程，要改变传统的满堂灌现象，即教师习惯于根据课程标准要求进行教学，学生在课堂中被动接受的课堂模式，课堂中应注重启发学生思想，掌握方法，鼓励学生自主参与课堂，鼓励教师运用各类先进的教学手段，丰富教学模式以完善各个教学环节。学生完全按照自己的兴趣来探究，充分发挥自身的潜能，在这宽松自由的探索氛围中，学生的创意和人文科学素养的潜能更易被激发。

第三层次的研究类课程需要面向部分具备兴趣特长、具有学术潜质的学生。教师通过提供方法指导和课程资源，为特色拔尖学生搭建成长平台，提升他们的科研能力和创新能力。这些课程主要依托学科教学开展，与模块相对应，体现学科特点，提高学生学科素养，培养学生终身学习的理念、方法和能力，促进学生健全人格的形成和个性健康发展。

（3）重视教学内容、教学方法和教学手段改革

教学方法改革要紧紧依附并服从于课程教学内容体系的改革，积极编写优秀校本教材，在遵循因材施教的教学原则、贯彻有效学习方法的历史经验的基础上，进行多种探索，构建高效课堂。要注意使用先进的现代化教学手段，积极开展教学数字化、网络化建设，使得电子教学大纲、教案、习题、网络课程、网络课件、微视频等教学资料上网开放，实现优质

资源共享。最大限度地调动学生学习的主动性和积极性，培养学生的探索精神和创新能力，拓宽学生的知识面，为学生的个性化学习提供高质量的支持服务，增强学生的自学能力，有利于培养学生独立思考的习惯。

（三）拓展类课程实施

1. 拓展类课程实施原则

拓展类课程在围绕学校培养目标的同时必须根据不同学段学生的实际水平开设相应的课程，健全开设的审核制度。

开设的课程应与基础课程交叉渗透，开发的课程可跨学科交叉。选修课程的教学方法应大胆改革，积极探索新的有效教学方式——作为独特教学活动的试验。同一时段开设的选修课程应涵盖三层课程（基础、拓展、研究），以满足不同发展水平、不同兴趣特长的学生的需要。

拓展类课程应注重师生的共同创生，及时吸纳最新的科研成果，紧扣社会发展的前沿。

2. 特色课程的建设

学校定义的特色课程：本课程充分体现学校的教育理念，紧扣学生培养目标。主要建设两类课程：学科综合课程与以优秀中华文化为核心的人文教育课程。将通过三年努力建设2—3门有较大影响的课程。

以《家书写作》为例。家书写作在保护文化遗产、涵养家风、构建家文化和青少年成长中至关重要，倡导青少年写作家书就是向传统致敬的一次文化寻根，是传承中华优秀传统文化的重要手段，具有重要的历史意义和现实意义。让学生亲近家书不是为了回到过去，而是更好地面向未来。教学内容包括两个方面，一是家书写作，包括写给父母长辈、兄弟姐妹的信件，父母长辈写给子女晚辈的信件及亲人之间往来的信件，与家书有关的故事或背景（字数不限）等；二是家书征集，即家中保存的亲人之间往来的信件。

本课程的设计思路体现三大特色：一是将家书写作和传统文化相结合；二是将家书写作和广智文化相结合；三是将家书写作和硬笔书法相结合。

3. 研究类课程实施

研究类课程面向个体，面向有特长、有兴趣的学生，为部分学有余力的学生搭建活动平台，探索拔尖人才培养模式。

老师注重引导，提供方法和课程资源，小班化辅导和分散教学相结合，充分让学生自主学习、自主探究。

4. 课程和学习资源系统建设

由教务处、政教处构建学校课程资源库，做到电子版与纸质版并存，选用课程、改编（二次开发）课程、校本开发课程并存，面授课程和网络（远程）课程并存。

（1）注重教师课程创生，构建必修课程和必修知识拓展课程资源系统。将必修课程校本化，打通必修与选修，鼓励一专多能教师开发学科交叉课程。

（2）加强与职业高中、社会教育场馆、实践和活动基地的联系，结成联合培养的资源同盟。充分利用校内空间资源、积极利用校外社会实践基地进行授课，构建人文与科学校园活动、社会实践基地、专题教育课程空间资源系统。

（3）注重分层分类，构建具有不同功能的发展性实验室，构建职业技能、兴趣特长课程操作资源系统。

（4）注重社会资源课程化，利用其他教育机构进行授课，构建由其他教育机构、家长、社会仁人志士组成的授课资源系统。

（5）注重课程资源信息化，构建网络课程、在线视频课程等数字化课程资源系统。

5. 必修课程的调整改革，构建合适的备考策略

为将必修课程学业水平考试分散到第 2、3、4、5 学期，根据省教育厅有关精神，坚持“共同基础原则”，确保学生合格，鼓励学生“保 B 争 A”。学业水平考试分散在第 4、5 学期，让学生参加第 1 次考试，除不及格学生必须参加第 2 次考试外，由学生自愿参加第 2 次学业水平考试。

6. 课程建设的制度与管理

（1）学分制

学分制是一种以学分为计量单位，衡量学生完成学业状况的教学管理制度。为了贯彻“以人为本”的教育原则，适应当今时代对高中教育的客观要求，培养出“人文见长，个性发展”的幸福学生，梓琛中学进行了柔性课程与弹性学制的教学改革，实行学分制教学管理。这一教学制度不仅优化了梓琛中学课程结构，增加了学科间的互相渗透，满足了不同层次学生对学习知识的不同需求，而且能充分利用学校的各类教学资源，构建“广智文化”的课程体系，优化学生的知识技能结构，调动教师与学生教和学的积极性，进一步提高教学质量，提高办学效益。

（2）选课制

选课制是学分制的核心内容，是允许学生在一定程度与范围内自己选择学科和课程的一种教学制度。学生可以根据自己的兴趣、志向和能力，选择自己所需要的选修课，也可以根据课程纲要和课程内容，选择适合自己能力的学习量，自我设计学习进程。

学生自主选课，有利于充分调动学生学习的主动性、积极性和创造性，而完善的学分制和选课制，一方面能带给学生较自由的学习选择权和较宽广的课程选择范围，另一方面也提供给学生自我管理（对自己的行为负责）的机会和责任。

（3）走班制

走班制是选课制的趋势与必然，选课制是走班制实施的基础。走班制打破了以往的行政班教学管理体制，改变了过去以班主任为主体，班干部为辅助，学生处于“被动管理”地位的旧教育管理体制。建立“走班制”，将体现以学生为主体的自主选择、自我约束的动态教学管理制度。梓琛中学在“走班”过程中，教师积极成为引导者，努力发现和发展学生的潜能，了解学生发展中的需求，帮助学生认识自我，建立自信，给学生以心理上支持，培养自律能力，明确学习责任，让学生学会认知、学会合作、学会探究、学会做人，成为一位真正幸福的人。

（4）全员导师制

充分了解和关爱学生是教育教学成功的秘诀，充分认识“导师制”是课程改革的前提保障。人人参与育人工作，建立友好的师生关系，每位教师担任导师，让学生从“只记住”班主任到“记住”导师，使每位教师有“自己的学生”，形成“老师人人是导师，学生个个受关爱”的局面。

行政班设导师组长1名，聘任若干名导师，每位导师帮带10至18名学生，每位学生有导师，三年原则上不变，特殊情况（分科、分班等）由学生与相关的导师进行双向选择，由导师之间相互调剂，导师组长统筹确定。

导师对学生思想品德、心理健康、课程选择和修习、必修课程学业成绩、生涯规划等进行全面指导。导师要承担导师组长分配的班务工作，导师每学期家访学生一次，并做好家访记录，学校对导师进行全面考核。

修改完善《学生成长记录本》：应有必修课程已获得学分和本学期将获得的学分；已修选修课程名称、类别、获得学分和本学期选修课程名称、类别、将获得的学分等记录；要有导师生涯规划指导和选课指导记录。

7. 课程评价制度

原则：多元评价，有机结合，纳入教师考核奖励制度。

学校对校本开发的课程评价：每学期对开设的课程评价一次。

证书评价：根据课程参加上级部门或专家组评审获得的证书进行评价。

目标评价：根据课程目标、价值进行评价。

学生评价：根据学生选课的热门（喜欢）程度进行评价。

效果评价：根据对学生成长产生的影响、对学校特色发展所起的作用进行评价。考试科目以教学班成绩评价为主，参照非考试科目课程评价表修正考核得分，根据课程性质确定权重折算总评得分。

教师对学生学业评价（参考）：由教师根据实际课程设计对学生进行评价，认定学分。

目标评价：根据学校培养目标、课程具体目标对学生进行达成度评价。

过程评价：根据学生出勤、学习态度等评价。

学业考核：书面测试、面试、口试，总结、小论文，获得证书等，由任课教师根据课程设计选择评价形式。

8. 课程教学管理

根据选修课程安排，学分占学生毕业总学分的1/3。

（1）高一、高二教师安排的必修课程工作量占教学总工作量的70%以下，其中走班选修课程工作量不少于总工作量的30%；高三教师安排必修课程工作量占教学总工作量的90%以下，其中走班选修课程工作量不少于总工作量的10%；每位教师承担一门以上分散授课或个别指导的课程。

（2）鼓励行政干部、后勤工作人员开设选修课程。

（3）充分鼓励和挖掘社会资源来校开设课程。

（4）走班教学工作量计算高于本班教学工作量，走班教学评价纳入教师考核，逐步完善考核奖励制度。

9. 保障机制

（1）组织保障（课程改革管理机构）

① 成立深化课程改革领导小组，由校委会成员组成，全面贯彻落实深化课程改革。

② 成立课程评审委员会，由校长、分管校长，教务处、政教处负责人和课程群负责人组成，负责课程开发立项审批和课程开发监督管理；评审教师（及社会机构）提供的课程的内容、目标、价值和意义，以确保课程质量。

③ 成立生涯规划与学生选课指导中心，由校长、分管校长，教务处、政教处负责人和年级段长组成，指导中心指导导师组长、导师，导师组长、导师指导学生。

④ 成立学分认定委员会，由校长、分管校长，教务处、政教处负责人和年级段长组成，负责学分认定管理和审核工作。

⑤ 成立学分认定监督与仲裁委员会，由校长、分管校长，党总支负责人，工会主席，教务处和政教处负责人，年级段长，教师代表和家长委员，学生干部组成，监督学分认定的各个环节，处理学分认定的有关纠纷。

⑥ 成立导师管理、考核小组，由校长、分管校长，政教处负责人和年级段长组成，负责对导师的生涯指导工作及导师其他职责落实情况进行考核。

⑦ 成立课程实施后勤保障小组，由校长、分管校长，总务处、信息技术处负责人组成，负责统筹安排课程改革所需的经费、空间资源、教学设施等。

⑧ 强化课程群的建设，成立课程群工作室，设课程工作室主任、副主任。课程群工作室主任由学校聘任，享受教研组长待遇，并聘任为课程评审委员会成员；课程群工作室副主任由学校聘任，享受备课组长待遇。课程工作室主任、副主任协助课程评审委员会，参与和处理课程开发、课程审核、课程开设、课程评价等事务。

（2）制度保障

① 完善教代会制度，民主管理学校。完善教职工岗位责任制、领导干部考绩考核制、责任追究制、财务和校产管理制度、奖励性绩效工资等相关制度。

② 逐步减少本班授课的必修课程课时，增加走班的课时。必修课程课时工作量不足的教师必须开出选修课程，鼓励全体教职工开出选修课程。

③ 建立科研、师训工作与课程开发、开设相统一的制度，确保科研、师训为课程改革服务，加强教学常规和教研活动管理。

（3）资源保障

① 因地制宜充分利用学校现有资源，完善相关设施、设备。

② 确保教师培训和科研经费的投入。校长奖教金主要用于课程改革奖励，设立“学科课程（含必修课程校本化）改革”“精品课程建设”“学生学科学习力提升研究”等课题研究专项奖励经费。

③加强校际合作，资源（硬件、软件）共享。

第二节 梓琛中学家书课程特色育人实践案例

一、梓琛中学家书课程概述

要了解梓琛中学的家书课程，就要对梓琛中学的发展规划有一个概念。梓琛中学源于“广智”中学，曾汇集广大人民智慧和力量创造优异的办学成绩与声誉。在新的教育大环境下，梓琛中学赋予“广智”文化新的教育内涵：厚德、尚学、善娱、雅言、明辨、慎行、包容、创新。梓琛的发展规划是建立以“家书”教育为载体，融“广智”文化的“人文教育”特色学校。

传统书信是一种诗意的文体，鸿雁传书是一种诗意的存在。但是在信息时代的今天，那些书信往返，诗意绵绵的时光已远逝，传统书信渐渐淡出了人们的视线。

在这鸿雁不再、传书鲜有的时代里，虑及传统书信在人类发展进程中的地位，结合梓琛中学“广智”文化新教育内涵与发展规划，以及梓琛中学校训“尚学如梓，立德如琛”的内涵，学校开发了主题为“家书八谈”的校本课程，培育同学们在“广天下之智”的同时，将那远去的鸿雁唤回。

家书课程以“家书”教育为载体，融合了“广智”文化、传统文化和硬笔书法，打造梓琛中学人文主义教育内涵的特色课程育人体系。

家书课程在内容编排上进行了详细的规划，主要呈现了四大主体内容：处世致远之道；明辨是非之根；安身立命之本；怡趣发展之魂。课程中凸显了谈礼仪、谈志向、谈爱情、谈做人、谈处世、谈学习、谈生活、谈创新这八大主题。深入系统地阐述了“广智文化”的内涵，以培养“善做人，善学习，善生活”的三善学子为目标。

全课程共15个课时，每个单元配有学案，学案包括了活动目标、活动内容、课前准备、活动过程、课后作业和知识链接等内容，体现“阅读、探究、拓展、实践”的学习过程。

课程主要采用了诵读、九句微家书写作和作品分享等活动形式。活动的设计目的是引导同学们学会自主、合作、探究的学习方式，学会参与、感受、领悟和分享，理解家书创作的真谛。

课程特色之一是“九句微家书，诉尽心中情”的微家书创作，紧紧围绕立德树人的基本目标，让同学们学会做事、学会做人、学会辨别是非，逐步培养同学们的生存之智、是非之智、处世之智、多元之智。

课程特色之二是硬笔书法的学习。在这文明发展的进程里，在雪白的信笺上留下墨影，将记录着心中无限情的真言投入信箱，让人与人之间的真挚情感在字字珠玑、句句肺腑的九句墨影中流淌，从而陶冶同学们的灵性，达到锤炼品格、培养情操、培养德性的目标。

希望课程能亮出人文家书谱华章的梓琛形象，打造梓琛中学人文主义教育内涵的特色课程育人体系。让同学们真正认识“广智”文化，提高同学们的自胜素养，达到自能、自省、自养、自创，同时融会贯通传统文化和硬笔书法，促进同学们的多元发展。

二、家书课程目录安排

“家书八谈”目录

第一单元处世致远之道

一谈雅言立处世之礼

第1课时　见字如面

第2课时　遵规守礼

二谈自胜扬追梦之帆

第1课时　鲲鹏之志

第2课时　励志分享会

第二单元明辨是非之根

三谈慎省获是非之智

第 1 课时　问世间情为何物

第 2 课时　情词壮美 浩气长存

第三单元安身立命之本

四谈厚德固做人之本

第 1 课时　立身处世 诚信为本

五谈处世以克己宁静

第 1 课时　非克己无以自胜致远

第 2 课时　非宁静无以处世修身

六谈尚学得生存之道

第 1 课时　好学之道

第 2 课时　创作之道

第四单元怡趣发展之魂

七谈善娱享生活之趣

第 1 课时　生活最宝贵的恩物——高尚的娱乐

第 2 课时　生活百味，更需知趣——“九句微家书，诉尽心中情”写作比赛

八谈创新拓未来之途

第 1 课时　开拓之路

第 2 课时　构想之路

三、家书课程特色育人教学内容

（一）处世致远之道

这是家书课程的第一部分，关于礼仪和梦想。了解家书的含义及其起源，通过对家书书写格式的学习，掌握书信的写作方法。明白在移动通信普及之前，家书是主要的沟通方式之一，是维系家人情感的一种联系方式，包含着浓浓的亲情，从而引导学生体会那个时代健康向上的道德观、

价值观。

学习家书中的礼仪文化，更好地认识博大精神的中华优秀传统文化，使学生在体验中培养各种良好的行为习惯、优良品质等，从而引导学生修身立人，明礼诚信，厚仁笃行，促进学生全面发展。

通过课程的学习，帮助学生树立远大理想，提高学生的思想道德素质，使学生明确理想的内涵和理想对人的发展重要性，从而逐步明确自己的目标；树立远大理想，激励学生不断完善自我、丰富自我、升华自我，积极面对生活和学习中的挑战，还能培养学生在公众面前自我表达的能力。

（二）明辨是非之根

具体课程内容有：强化九句微家书的写作格式和要求；通过品《余年初家书》第三篇爱情篇和《傅雷家书》（写于一九五五年十二月十一日夜关于爱情的阐述），展开相关的讨论活动，帮助中学生认识爱情，面对爱情时能慎省，明辨是非对错，从而树立正确的爱情观；通过品林觉民《与妻书》，理解志同道合也是革命爱情的一大特色，从而引导学生树立互相勉励、追求共同目标的正确爱情观。

在梳理正确是非观、爱情观的基础而上，通过《傅雷家书》《与妻书》的书札欣赏与词语练字，提升学生书法素养。并且以小组的形式，让每个小组派代表上台诵读上节课的优秀作业——“九句微家书谈爱情”，让学生进一步理解如何用寥寥数语表达心中情。还可以进行限时微家书写作活动，进一步帮助中学生懂得男女同学该如何正确交往。

（三）安身立命之本

这部分的学习目标：理解诚信的含义，懂得诚信是做人的基本原则；培养诚实守信的人文素养和道德品质，认识到诚信不仅是中华民族的传统美德，也是我们每个人共同的追求；结合生活现实，体会诚信的多元价值，从而锻炼学生的多向思维和创新意识；引导学生树立崇高的目标，有意识地做好自己的人生规划，加深学生对自身的责任感。

在学习的过程中通过品读《曾国藩家书》中的劝学篇，帮助学生认识学会克己才能处世修身，从而做到自胜致远；书札欣赏：学习书法的章法布局，提升学生书法素养；进行小组合作展示活动：九句话微家书写作，诉尽心中情，一方面加强学生对九句话微家书写作模式的认识，另一方面让学生进一步理解克己处世的内涵。

最后理解何为“学”，如何去“学”。从收集资料到教师的解说，让学生从显浅到深入认识“学”；通过学生亲身写一封关于学习的家书，巩固对“学”的深刻理解，挖掘学习的魅力，采取朗诵作品的方式让学生更注重九句微家书写作的严谨。

（四）怡趣发展之魂

通过品读《傅雷家书》（节选），理解傅雷跟孩子谈如何处理工作与生活关系的内容，引导学生在紧张的升学压力中学会“善娱”，学会发展兴趣爱好，提升个人在生活中的情调趣味，倡导学生“兴趣广泛，情趣高雅”。同时引导学生在步入社会之后，做到让自己的业余生活丰富多彩，增强生活的幸福感。

通过书法创作，培养学生的创造力和提升学生的书法素养。

通过“九句微家书，诉尽心中情”写作比赛，一方面让学生熟练掌握九句微家书写作的格式和要求，学会用简洁的语言抒写自己的情怀；另一方面通过本次的比赛倡导学生“兴趣广泛，情趣高雅”。

通过自行收集各时代的中外名人的资料，帮助学生了解他们在开创、发明、发现方面的故事及其往来书信，面对新中国的发展，让学生敢于对未来作构想，树立起自己的中国创新梦。

四、家书课程实践课时案例

以第一单元处世致远之道的第二谈自胜扬追帆之梦为例来说明。

第 1 课时　鲲鹏之志

（一）活动目标

通过学习，帮助学生树立远大理想，提高学生的思想道德素质，使学生明确理想的内涵和理想对人的发展重要性，从而逐步明确自己的目标；树立远大理想，激励学生不断完善自我、丰富自我、升华自我，积极面对生活和学习中的挑战。

（二）活动内容

1. 了解名人家书中的励志故事，树立远大理想，激励自我，积极面对生活和学习中的挑战。

2. 分享身边的励志故事，完善自我、丰富自我、升华自我。

（三）课前准备

1. 学生课前收集亲人朋友间家书中阐述到的励志事迹。

2. 学生课前网上查阅资料，了解何为理想抱负。

3. 每人做一份卡片，留下空白的地方，用于课堂上书写个人的理想抱负。

（四）活动过程

1. 教师多媒体展示并诵读《曾国藩致诸弟书——读书宜立志有恒》，共同学习探讨志向的重要性。

2. 全班分成 A、B、C、D 四个小组，A、B 小组分别选取两个代表讲述课前收集的身边的励志事迹。C、D 小组分别选取两个代表对 A、B 小组 4 位同学讲述的事迹谈谈自己的看法。

3. 教师进行补充与深化。

4. 10 分钟的时间，每人在准备好的卡片上写下自己的奋斗目标或对朋友的寄语，装饰成班级的理想树。

5. 最后 5 分钟，教师诵读并展示上节课优秀的“九句微家书”作业作品。

（五）课后作业

根据本节课的学习内容，要求学生课后通过网络、向家长或亲朋咨询等方式，收集励志的事迹并记录下来，准备下节课的励志分享会。

（六）知识链接：美文赏析

（下略）

第 2 课时　励志分享会

（一）活动目标

1. 通过分享会的形式来表现学生们的美好理想，使大家懂得树立理想的重要性。

2. 帮助学生认识自我、完善自我，克服困难，努力实现梦想。

3. 联系实际，让学生看到自身的不足，培养学生为实现理想不怕苦和努力奋斗拼搏的意志力。

4. 培养学生在公众面前的自我表达能力。

（二）活动内容

1. 通过观看视频，教师引导学生对尼克·胡哲的事迹进行讨论，总结他成功的原因，让学生看到自身的不足，明白为实现理想应不怕苦和努力奋斗拼搏的道理，让大家懂得树立远大的理想。

2. 小组分享身边的励志故事，畅谈各自的梦想，并讨论在追梦的路上遭遇到或将会遇到的困难及应对措施。

（三）课前准备

1. 教师课前在网上搜集尼克·胡哲的有关视频资料。

2. 布置思考的问题：你的理想是什么？为什么会形成这个理想？为实现理想你采取了哪些措施？

3. 你的身边是否有坚持个人意志的故事？

（四）活动过程

1. 用坚强的无肢人尼克·胡哲的视频导入主题——即使我们一无所有，我们仍然可以有梦想。

2. 同学们通过交换阅读，分享课前老师布置收集的身边的励志故事，畅谈各自的梦想。

3. 全班分成 4 个小组，用 10 分钟的时间进行小组探讨：在追梦的路

上正遭遇到或将会遇到的困难及应对措施。（比如：学习生活中所遇到的各种困难等）

4. 小组代表就探讨的内容阐述本小组的观点和看法。

5. 播放《水手》的音乐视频并展示主唱歌手的生活片段，教师进行讲解，深化本节课的主题。

（五）课后作业

以家书的形式举办以“理想、责任、奋斗”为主题的“九句微家书”有奖征文比赛，评选出一、二、三等奖并在学校文化栏展示。

（六）知识链接：人物介绍，关于尼克·胡哲。

（下略）

第三节 高中教学模式改革的基本概念与发展

一、高中教学模式改革的背景

在中国特色社会主义新时代的背景下，我国的高中教育改革也呈现了一番新的景象，高中教学模式改革也上了一个新的台阶。现有的高中教学模式改革基本源自新课程改革，且随着时代的变化不断对其内涵进行更新，但是本质都是关注学生的发展，实现素质教育，培养全面发展的人，这点是实行新课程改革以及教学模式改革的核心。

高中教学模式改革是要改变传统的教师讲授方式，培养学生自主学习的能力，做到“教师引导，学生自学”。让学生在学习的过程中获得自身对知识的体验和对学科思想感情的体会，成为合格的社会主义建设者，这种改革模式的最终目的就是让学生学会学习，并且在自主探索获得体验的同时也收获对学科的感悟，实现“知情合一”。习近平总书记 2018 年在全国教育大会上强调，我国教育要全面贯彻党的教育方针，培养德智体美劳全面发展的社会主义建设者和接班人，要把立德树人的理念融入思想道德教育、文化知识教育、社会实践教育等每个环节，教学、教材要围绕立德树人理念进行系统的设计，这也是目前高中教学模式改革的一个重点。传统的高中教学过于注重学生的高考成绩，多半进行“填鸭式教学”，课堂上仅仅是将课本上现有的知识传授给学生，缺乏学生自主认知的过程，而学科素养的培养更是无从谈起。新的高中教学模式改革注重改革传统课堂过于注重教师传授、学生接受的弊端，不断地探索教师引导、学生自动探索的课堂模式。

国务院 2019 年出台的《关于新时代推进普通高中育人方式改革的指导意见》（简称《意见》）中指出，我国普通高中育人方式改革的目标是到 2022 年，德智体美劳全面培养体系进一步完善，立德树人落实机制进一步健全。普通高中新课程新教材全面实施，适应学生全面而有个性发展的教育教学改革深入推进，选课走班教学管理机制基本完善，科学的教育评价和考试招生制度基本建立，师资和办学条件得到有效保障，普通高中多样化有特色发展的格局基本形成。同时，《意见》也指出，目前我国的教学改革有六个方面的任务：构建全面培养体系、优化课程实施、创新教学组织管理、加强学生指导、完善考试和招生制度以及强化师资和条件保障。这也为接下来的高中教学模式改革指明了方向，即优化学生培养体系，创新教学模式，改善评价方式。《意见》更进一步细化了高中教学模式的改革内容，成为各地高中教学模式改革的引路明灯，对高中教学模式改革有重大的指导意义。

中国特色社会主义进入了新时代，意味着我国教育也进入了新时代。伴随着习近平总书记在全国教育大会上的讲话和《意见》的出台，新高考改革逐步开展，高中教学模式改革也进入了一个新的时代。

二、高中教学模式改革的基本概念

传统的高中教学模式为了高考升学率，往往采用灌输模式，把学生当成知识的容器，忽略了他们作为一个学习者的主动性，同时也忽略了学科本来应有的素养，传统的三维目标更是不能实现。课堂教学过于注重知识技能的训练，评价学生的方式也强调甄别性评价，这种灌输式教学模式会损害学生学习的主动性和积极性，让学生成为学习的懒惰者。同时，这种方式也会造成学生对学科蕴含情感的漠视，灌输式课堂缺乏让学生自行学习的过程，而激发情感往往就是在学生探究中发生。由此可见，传统的灌输教学模式非但不能激发学生的主动性和情感体验，还会让学生的思维能力、学习能力受到损害，会影响到学生长期的自我发展。

除了灌输式课堂外，单一的课后作业也不能拓宽学生的视野和发展学生的思维能力。传统高中的课后作业多半以习题为主，采取题海战术让学生在数量庞大的习题中锻炼做题的能力。然而，这种题海战术会让学生对知识产生疲劳，长期刷题也会让学生产生厌学情绪。因此，改变作业形式也是高中教学模式改革的重点之一。课后作业形式的改变可以让学生体会多元化的作业形式，也可以更客观地评价学生对知识的把握程度。更重要的是，充满生机的多元化作业形式代替以往固化的习题作业，可以让学生的思维能力以及学习能力在课下得到充分的发展。

学生评价模式是与课堂模式、作业模式并驾齐驱的教学模式。作为与前面二者同样重要的评价方式，也需要根据时代背景和理念更新做出调整。一贯的评价模式都采用选拔性评价，注重学生的书面成绩而非综合素质，这不利于把学生培养成全面发展的人。《意见》提出，要强化综合素质评价对促进学生全面发展的重要导向作用。要重视对学生爱国情怀、遵纪守法、创新思维、体质达标、审美能力、劳动实践等方面的评价。这就要求高中教学模式改革中的评价模式要发生转变，变单一为多元，从保守的书面成绩变为灵活的综合评价体系。这也意味着教师在教学过程中不仅要注意学生对知识的掌握，也要善于将学科核心素养和学生特点结合起来，用自己眼睛去挖掘学生身上更多的闪光点，丰富评价内容和评价指标，改变固有单一的评价模式，实现学生的多方面综合评价。只有结合课堂模式、作业模式以及评价模式三者的改革，才能够从根本上实现高中教学模式的改革和创新，才能更好地促进学生发展。

（一）高中教学模式改革的基本内涵

综合以上三部分的内容，高中教学模式改革的基本内涵已经初现端倪。

首先是要改变传统的填鸭灌输式课堂模式，将课堂交还给学生，促进学生学习能力、逻辑思维能力、自我评价能力、问题能力以及世界观、人生观等多方面的发展。但是需要注意的是，将课堂交还给学生，并非教师完全不作为，将课堂变为学生的自习课，恰恰相反，只有充分发挥教师的引导作用，让学生在教师正确引导下高效地进行探索和学习，才能够获得真知和情感体验。与此同时，空有理论、缺乏现实情景支撑的教学也难以让学生产生学习诱因和学习动机。一贯的教学模式都是将书本的内容照搬到黑板上传输给学生，缺乏让学生产生学习欲望的诱因。学生长年累月处于枯燥的学习中，自然也会对学科失去兴趣，更不利于他们今后的发展。要改善这种情况，只有将学生感兴趣的现实情景与书本知识相结合，才能够让学生发自内心地学习；在课堂上创设与学生生活息息相关的情景，更能产生外部的学习诱因。从教育心理学的角度上而言，同时激发学习诱因和学习动机，能更好地促进学生的学习。

北京师范大学郭华教授提出，培养学生的学科核心素养和综合素质，其中重要的途径之一就是在课堂上让学生实现深度学习。深度学习就是让学生深入到知识的内部去把握本质内涵，而非流于表面，仅从字面符号去理解学科知识。实现深度学习，就需要充分发挥教师的主导作用和学生的主动作用，她指出，深度学习的实现需要做好经验和知识二者之间的相互转化。这也更印证了高中教学模式改革中的课堂模式改革需要改变一贯的教师讲授方式，只有真正转变为教师引导下的学生主动学习，才有可能实现学生对学科知识的深度学习。新型的课堂教学模式可以发挥学生的主动性，促使他们主动去探索知识，获得真知。在这个过程之中，学生同时也收获了对学科情感的领悟，这也贯彻了习近平总书记提出的立德树人理念。通过这样的一种新课堂教学模式，能够使知识和情感得到融合，让学生在学习当中得到思维、世界观、人生观以及价值观的多重发展。

其次，作业模式改革也是高中教学模式改革的另一重要领域。高中课后作业一贯的模式都是习题为主，缺乏对学生综合能力的全面判断。学生对课堂上所讲的知识的掌握程度仅靠课后的习题并不能完全体现，也不能多维度地去评价学生的学习情况。学生的学习效果巩固不仅需要通过机械刷题以及记忆大量事实来达成，而且也需要通过学生主动去掌握知识的本质。长期反复的练习和记忆会挫伤学生学习的积极性以及兴趣，知识需要内化为个人的经验，才能让学生真正领悟到知识的真谛，让知识成为他们个人的。学生对知识的内化除了在课堂上有效地吸收之外，还要在课后进行更长效的巩固。知识的内化通过大量的书面作业显然无法完全达到，那么作业模式改革的重要性此时便凸显出来。多元化的作业模式更能够让学生在课后将知识与个人经验相互转化，从而让晦涩难懂的知识成为他们更能领悟的内容。作业模式的改革会让学生通过更多途径实现对知识的把握，书面作业只能够让学生机械地锻炼对题目的熟练度，并不能真正锻炼学生的思维能力和分析能力，也无法让学生内化知识。

在实现高中教学模式改革的过程中，改革主体不应忽略作业模式改革的重要性。作业模式的改革首先体现在作业的形式上，可以将学科固有的书面作业变为其他形式，可以根据学科特点以及开展难度做出综合考量，实时更新。比如，历史学科的课后作业可以从书面作业改成让学生自行阅读与课本内容相关的历史书籍，阅读后在课堂上与老师和同学一同分享他们的感悟；物理学科的课后作业可以通过一些在日常生活中能够轻松完成的小实验来巩固物理知识。通过灵活的作业方式，让学生在课后可以通过各种各样的途径巩固知识，将课堂上自主探究的精神延续到课下。

其次，作业内容也可以进行拓展，而不仅局限在课本之中。传统的书面作业容易造成一种现象：知识与实际脱离。学生在课堂上获得的知识虽然可以通过做题的方法在课后得到一定的巩固，但容易与现实脱节，让学生在现实生活中并不能够很好地将知识与现实结合，造成“纸上谈兵”的现象。为了改善这种现象，在进行作业模式改革的过程之中要注意到作业内容需要与现实相结合。从前的作业往往让学生缺乏对现实的关怀以及对知识的应用，学生想要将知识掌握在自己手中，就必须将知识与现实情景相结合，只有这样才能够做到学以致用。知识与现实相结合除了教师在课堂上模拟现实情景外，在课后也应该将作业与现实情景相结合。教师在布置作业的时候，可以结合一些与知识相关的现实背景，学生在现实情境中学会运用知识解决问题。通过作业模式以及内容的改革，学生能够在多姿多彩的作业形式中运用知识去解决现实问题，他们不仅可以通过这种途径巩固课堂所学，而且能够增加他们对现实的关心和敏锐度，培养他们关注当下的意识。

最后，作业的评价方法也可以做出相应的改变。一贯的作业评价方法都是学生做，教师改，这种方法难免对学生有“一刀切”之嫌，而且量化的评价模式也不能全面客观地评价学生的学习效果。在作业形式以及内容都做出了调整的情况下，作业的评价方式可以从传统的教师批改转为学生互评、师生互评，不由教师个人对学生的作业进行评价，而采用学生教师双主体的方式去对学生的作业进行评价。在评价他人作业的过程中，学生自身也能够通过这种途径获得他人的观点和感悟，在观点碰撞中迸发出思想的火花。与此同时，学生互评和师生互评的方法改变了以往教师在学生作业批改的主导地位，能使教师与学生在评价作业的过程中产生交流，这样也促进了双方之间的互动，产生更多的思想碰撞。作业评价方法的改进，不仅符合作业模式改革的要求，也能够让学生与学生、学生与教师之间产生更多的互动与交流，促进知识的吸收。

教学评价不仅可以反馈学生的学习效果，而且可以提高学生学习的积极性。新课程改革的要求是要改变评价过于强调选拔的功能，要求教学评价从全方位、多角度去评价学生的学习效果。基于这个评价理念，高中教学模式改革中的教学评价模式改革便有了更清晰的方向。高中教学评价一般以考试成绩以及书面作业评分为主，缺乏对学生学习过程的全方位判断，也淡化了学生个人的三观在学习评价中的重要性，以往一切为高考服务的评价方式已经不适用于当今时代对于学生的发展要求。中共中央、国务院于 2020 年 10 月印发了《深化新时代教育评价改革总体方案》，提出普通高中主要评价学生全面发展的培养情况。国家制定普通高中办学质量评价标准，突出实施学生综合素质评价、开展学生发展指导、优化教学资源配置、有序推进选课走班、规范招生办学行为等内容。在这一背景下，学生不仅要通过学习成为一名“四有青年”，还要通过学习成为内外兼修的社会主义接班人，这种学习成果才贴合立德树人的教育理念，而评价这种全面的学习效果，传统的评价方法是不能够达到的，只有通过改革教学评价模式，才能够适应当今社会对学生全面发展的要求。

（二）高中教学评价模式的改革

高中教学评价模式的改革，主要集中于教学评价内容和评价主体上。从前的教学评价注重学生的智力成果，缺乏对学生思想情感的评价指标，但学生并不是冰冷的学习机器，是一个有感情、有温度的人。倘若过分关注学生的智力成果，可能会造成学生之间的隔阂与不良竞争，更会影响到部分学生的身心发展，也会淡化情感在学生学习过程中的影响。教学评价不应只关注表面成绩，更应该关注学生在学习过程中表现出来的创新点和其他方面。多样化的评价指标可以让教师发现学生的闪光点，同时也能够促进学生的全面发展，取长补短。更重要的是，评价指标的增加可以加强思想情感在学生学习过程中的重要性，将立德树人的教育理念贯穿其中，让学生在获得知识的过程中得到智力以及三观的双重发展。

郭华教授曾提出：“价值与评价是深度学习里面非常重要的一个部分，这也是培养学生独立性、创造性非常重要的一环，它不是某一个环节，它融合在所有的教学活动、教学过程当中。”① 评价模式的改革不仅可以评价学生在学习过程中所形成的价值观念和思想感情，还能引导学生对知识以及发现知识的本身进行评价。在学习过程中，学生不仅要通过知识来获得思想上的提升，也需要通过评价自身整个学习过程来发现不足之处，以便于后续的改进。要达成这个目标，就要落实评价主体多元化的措施。虽然教学评价改革一直提倡评价主体多元化，但是在实际操作过程中难以落实，教学评价还是以教师为评价主体，这不利于发展学生的创造性和独立性。

---

① 郭华. 深度学习及其意义 [J]. 课程 · 教材 · 教法，2016（11）：25-32.

要改善这一局面，最基本的一点是把学生也变成评价的主体。在实际教学评价中，教师可以适当地引导学生对自己的学习过程进行评价，让学生在课堂结束后回顾自己的学习过程，思考本次学习的长处与不足，这种方法可以增强学生对学习过程进行价值评价的能力。调动学生的主动性，就要促使他们成为自己学习过程中的主人，而非被动的接收者，只有学生了解到过程中的创新与不足，他们才有可能发现到平常不为人注意的“漏网之鱼”。这种形成性评价方式更关注过程而非结果，能够让学生发现自身学习方法或者学习态度的问题，更能促进学生走向“学会学习”。引导学生对学习过程进行评价，更多的是让他们知道自己学习过程中所表现出来的根本问题，比如学习方法、学习形式等。对教师而言，在引导学生对学习过程进行评价的同时，他们也能根据学生的特点因材施教、对症下药，有针对性地帮助学生改善学习问题，提高成绩，促进学生的全面发展。

一言蔽之，高中教学模式改革的基本概念就是针对课堂模式、作业模式以及评价模式等方面做出相应的调整，成为更灵活、更多元的教学模式。改变以往高中教学模式过于强调学生智力成果、关注书面成绩的弊端，更强调立德树人的教育理念，促进学生的全面发展，让他们成为担当民族复兴大任的时代新人、德智体美劳全面发展的社会主义建设者和接班人。

三、高中教学模式改革的发展

新课改提出后，我国高中教学模式经历了一场轰轰烈烈的改革，这一改革涌现了全国九大课程改革模式，这些模式的主要特点是改革传统教学模式。这一时期，有部分学校敢于向传统教学模式发出挑战，将教师主导的课堂还给学生，以“学生主动”作为最鲜明的课堂特征，采取多种学生自主表现的方式，如小组学习、学生展示成果等方法，将课堂变为了学生展现自我的舞台，颠覆了一贯由教师主导的课堂。这种课堂极大地解放了学生的积极性，将学生变为了课堂的主人。这九大课程改革模式都离不开一个核心，即让学生课前或课上进行自主学习，再通过自行展示、自主讨论等模式，最大限度激发学生学习的积极性。“自主”是九大课程改革模式最大的特色。

但是，随着课堂教学改革的道路越走越远、教学观念日趋进步，这些教学模式改革的诸多问题逐渐暴露于大众视野中。这些实行课改的学校看似将课堂还给了学生，却仍然没有顾虑到学生投入程度的问题。根据导学案进行自主预习、思考等方式对于一些基础不扎实和没有掌握科学学习方法的学生而言，是比较难达到的，一个班级中能够通过自主学习达到完全浸润的学生并不多，而这些先期的教学改革模式并没有注意到这方面的问题。于是会造成一种现象——在课堂上活跃的永远都是那些学习成绩较好的同学，而其他同学则成为旁观者。这也没有从根本上调动所有学生的积极性，甚至还会造成“优生更优”的现象，加大学生之间的差距。教学的艺术不在于传授本领，而在善于激励唤醒和鼓舞。教学的真正含义是变学会为会学。然而，前期的九大课程改革模式忽视了唤醒和鼓舞学生学习的中间人——教师的重要作用。虽然九大课程改革模式确实极大地调动了学生的积极性，将课堂交还给了学生，但预留给教师答疑解惑的时间却不够充分，忽视了教师在课堂的作用。九大课程改革模式将课堂上80%的时间都交给了学生，让学生自主掌握和学习，只余15%～20%的时间给教师，让教师针对课堂内容进行点拨，这部分时间可能不足以让教师对学生的课堂内容进行解答。课堂主体从来就不是教师或者学生一人，传统的教学模式和九大课程改革模式都过分注重单一主体，对双主体缺乏重视。无论哪种模式，都不利于学生的发展。

想要打破这种局面，往后的课程改革就需要走组合道路。组合道路不是对传统教学模式的颠覆，也不是对九大课程改革模式的彻底否定，而是取二者之所长，补二者之所短。传统课堂注重构建学生的学科知识系统，提倡教师启发学生，重视学生知识迁移、举一反三能力的培养，这些都是在往后的改革中需要运用借鉴的。九大课程改革模式中的调动学生积极性、培养学生思维和语言表达能力等方面也是日后改革需要继续发扬光大的。只有推陈出新，才能不断创新。深度改革应该善于汲取先期课改的一切营养，取长补短，同时从传统课堂模式中汲取养分，辩证继承，让课堂教学改革走向健康的发展道路。

未来的高中教学模式改革，需要对原有的改革思维进行更新，不是走之前彻底颠覆的旧道路，需要结合地区、学校、教师以及学生的多方面实际情况来进行综合性改革。师资力量雄厚、学生基础较为扎实的地区，可以采取教师引导下的学生自学模式，将双主体的课堂改革模式发挥到极致。而师资力量较为薄弱、学生基础稍微逊色的地区和学校，则可以先采取一个过渡模式，先由教师带领学生掌握科学的学习方式，让学生找到了适合自己思维能力发展的方法后，让教师引导学生进行自学。通过优化组合，吸收传统中的有益成分，结合自身特色，缔造师生双主体、教学两平衡的课程改革模式。

高中教学模式改革发展要继续走向更光明的道路，除了集传统与改革二者之长外，更要课堂的构建。传统改革的经验仅是表面，教学模式改革的本质还是如何构建一个让学生乐于学习、学会学习的学习系统。联系前文所提到的高中教学模式改革的基本概念，一个完整的学习系统大致包括了课堂、课后作业以及学习评价三方面，那么在构建一个高效学习系统的同时，需要注意三者的有机结合。课堂模式主要服务于解决问题，在解决问题的过程中，学生能够得到思维能力的发展，这就要求教师需要善于挖掘学习问题，将知识点用问题形式呈现给学生；也可以让学生参与问题的设计，让他们对知识有一个初步了解，在接下来的课堂中可以对知识深入学习。在课后，如何评价学生的学习成果也是一个重要方面。正如前文中所提到的，传统的学习产出成果主要是书面作业，这种固化的模式主要是衡量学生对“输入知识”的掌握，而非产出，对评价学生的学习有失偏颇。构建高效的学习系统需要以知识产出为导向，而不应拘泥于单一的书面作业形式，这就需要改变传统课堂中单一僵化的作业模式，变作业为创造，让学生在千姿百态的作业形式中尽展所能。评价指标多元化以及将评价融入整个教学过程中，也是构建高效学习系统的重要一环。在未来高中教学改革模式的背景下，评价不再是学习的目的，而是反馈信息的载体。要将评价融入学生的整个学习过程，让学生明确自己的学习水平，也能引导学生进行自我评价和反馈，改变了以往学生处于被学校、教师以及家长评价的被动地位，让学生也成为评价的主人。同时，评价指标的多元化也让学生从单一成绩评价的桎梏中释放，引领他们走向全面发展的道路。在这种评价模式下，学生不仅可以主动对自己的学习、三观塑造过程进行评价反思，也能够有效地让教师明确每一位学生的问题，以便后续的指导。

一言蔽之，高中教学模式改革不是一个一蹴而就的过程，而是一个反复曲折、螺旋上升的过程。要实现高中教学改革模式的不断前进，就需要集百家所长，实现教育理念的更新，本着为每一位学生发展的初心，坚持党的领导，将立德树人的理念融入其中。

第四节 梓琛中学课堂教学改革实践案例

一、改革指导思想、理论以及目标

梓琛中学坚持以习近平新时代中国特色社会主义思想为指导，深入贯彻十九大和十九届四中、五中全会精神，贯彻国务院办公厅《关于新时代推进普通高中育人方式改革的指导意见》文件精神，落实立德树人根本任务，转变师生的教与学的观念和行为，变革课堂教学模式和班级传统的组织结构形式，切实提高教育教学质量。根据这一指导思想，清远市梓琛中学经过 3 年以来模仿借鉴兄弟学校的 1+1 课堂教学模式，实践总结出了符合本校实际情况的“3+3”积极教育课程改革模式。

“3+3”积极教育模式以积极心理学、学习金字塔以及美国当代著名心理学家本杰明·布鲁姆的认知目标说为理论来源。积极心理学是 1998 年由美国心理学家马丁·塞利格曼提出，主张研究人类积极的主观体验（幸福、愉悦、感激、成就）和积极的个人特质（个性力量、天分、兴趣、价值），充分挖掘人固有的、潜在的、具有建设性的力量，促进个人和社会发展，使人类走向幸福。在积极心理学的影响下，学校以“3+3”积极课堂教学模式培育积极教师和积极学生。学习金字塔是由美国著名的学习专家爱德加·戴尔1946年首先发现并提出的，学习金字塔理论用数字形式形象显示：采用不同的学习方式，学习效果不同。研究表明，在24小时之后，学生对知识的保存率从5%到90%不等：（1）听讲，知识保留5%；（2）阅读，知识保留10%；（3）视听结合，知识保留20%；（4）演示，知识保留30%；（5）小组讨论，知识保留50%；（6）实践，知识保留75%；（7）教授他人，知识保留90%。美国著名的教育心理学家布鲁姆提出教育目标分类法，把教育目标可分为三大领域：认知领域、情感领域和动作技能领域。其中认知领域的目标分为记忆（知道）、理解、应用、分析、评价、创造等六级水平。记忆（知道）、理解属于低级阶段的认知能力，是知识的输入，使学习者“学会知道”，形成学习力；而应用、分析、评价、创造则属于高层次思维力，应用与分析是知识的处理阶段，使学习者“学会做到”，最后经过评价与创造，把学习力转化为策划力。

通过贯彻指导思想，汲取理论中的有益成分，梓琛中学结合至善书院导师制，班级实行“三力小组”建设，以“学习力小组”为载体，激发小组内学生自主、合作、探究学习的内驱力，每个小组既是学科学习的基层单位，又是管理基层单位；以“成长力小组”为思想引领，负责班级学生思想建设、纪律管理；以“行动力小组”为基石，统领班级各类常规管理与考核。“三力小组”组员做到人人有目标、人人有责任，相互激励、相互监督、互帮互助，实现每位组员共同进步，班级自主管理，构建班级学习共同体。

二、“3+3”积极课堂教学模式基本运行过程

梓琛中学“3+3”积极课堂改革模式主要依托于学生管理“三力”——学习力、行动力以及思想力三方面的小组进行改革，并通过教师实行“三备”，促进学生学习能力、行动能力以及思想情感三方面的综合发展，使学生成为德才兼备的“三善学子”。

“3+3”积极课堂教学模式是以导学案为任务驱动，在教师积极引领下，学生通过“导、学、练、展、评”学习环节，实现个人自主学习和小组合作探究，掌握“学、问、思、辨、行”学习方法，激发学生学习内驱力，变被动学习为主动学习，培养积极学生。“3+3”积极课堂教学模式通过以下几个具体过程实现：第一，教学思想“3+3”，教学思想中的第一个“3”是指教学理论，包括积极心理学、学习金字塔、布鲁姆的认知目标；第二个“3”是指教学核心精神，即积极、互动、创造。第二，教学目标“3+3”，目标中的第一个“3”是指培养学生学科学习的思想力、学习力和行动力；第二个“3”是指教学改革的学习小组管理，培养“善做人、善学习、善生活”的“三善学子”。第三，教学内容“3+3”，教学内容的第一个“3”是指导学案中的预习案、探究案、训练案；第二个“3”是“三教”，即先学定教、领学引教、对学互教。第四，教学行为“3+3”，即“三备三学”，“三备”是指教师备课的“集备—我备—堂备”三个环节；“三学”指的是与学生对应的“独学—领学—对学”三大教学行为。第五，教学环节“3+3”，即“三展三讲”，“三展”是指展预习、展探究、展随练；“三讲”是指学生在学习中的预习展示、探究展评、小结训练三个环节。

“3+3”积极课堂教学模式能够以优生带动基础较薄弱的学生，形成以优带后的双赢局面。基础薄弱的学生往往没有掌握科学的学习方法和思维方法，只是机械地接受外来的套路模式，缺乏自己对知识的认真思考，这种方法并不利于他们日后思维能力、问题解决能力的发展。他们“解题过程机械呆板，解题受阻时往往不能有条理地分析症结所在，解题之后只关心答案正确与否，很少反思过程和总结方法。”① 优生则表现出较为主动的思考问题，有一套属于自己的思维方式和解题方法，并且善于对解题过程进行反思和总结，建立错题本，能从一道题中得到很多启示。因此学习力小组形成的优生领学模式，能带动基础薄弱的学生反思自己的学习方法和思维模式，让他们在日常学习中耳濡目染，潜移默化地学习优生可行的问

① 张大均. 教育心理学（第三版）[M]. 北京：人民教育出版社，2015.

题解决方法。同时，卢钦斯所做的量杯实验结果说明，绝大部分人在解决问题的时候都会受思维定式的影响，这种影响有的可以促进问题的解决，有的则会妨碍问题的解决。但是学习力小组则可以一定程度上解决这个情况，在小组探究的过程中，不同组员之间交换意见一定程度上可以瓦解消极定式，促使彼此之间的积极思维定式相互交流。

如何有效构建作为“3+3”积极教学模式载体的三力小组，是“3+3”积极教学模式的重中之重。在构建学习力小组时，梓琛中学坚持组内异质、组间同质的原则，即每组内有学习程度好、中、差的学生，形成强优—促中—推潜的学习互助形式，不同组之间学生学习程度相同或接近。基于这一原则，在进行学习力分组的时候，学校要求班主任全面了解班级学生情况，按照学生的性格、爱好、特长、重大考试分数、排名、选科组合等进行分组，然后根据实际情况进行微调。学习力小组人数为6~9人，组员学习成绩均衡分为AAA、BBB两层（A为目标生，B为普通生），便于各小组公平竞争。让不同智力水平、思维方式、兴趣特长的学生成为小组成员，达到能力互补、性别互补、性格互补。每小组实行导师负责制，由导师指导小组成员成长，构建师生成长共同体。各小组由组内推选的行政小组长（人选为组织能力突出者），负责组内学习活动管理、纪律管理。行政小组长负责给各位组员示范如何组织小组日常运作（纪律、跑操、卫生等），明白课堂基本流程，组织组员开展学习活动（展示、点评），及时督查学科小组长检查小组成员课堂学习情况和每天学习内容的落实情况，以及协助导师开展相应工作和活动。各班级行政小组长由班长统一领导。除了行政小组长外，每一名组员都是学科小组长，每人担任本组1~2个学科的小组长。学科小组长负责监督、检查本组组员本学科学习任务完成情况和收发导学案，并与班级科代表沟通等；课中组织组员探究讨论，指导其他成员做好研讨记录。各小组设定1~2人为中心发言人（由优生〔目标生〕担任），作为学科探究引领者，负责领学、展示、质疑、总结等，在小组中发挥优生领学、学生互学作用。

学习力小组不仅在学生日常学习方面组建了一套行之有效的系统，而且也营造了浓厚的小组文化和富有特色的评价方法。学校规定，学习力小组要以“梓”“琛”任意一字，提炼内涵后确定组名；并且要以“小组介绍+奋斗目标”制定宣言，组员还要共同制定激励性口号。此外，行政小组长还需带领组员从“自主学习”“课堂规范”“晚修自习”“自主管理”等方面制定组规。在学习评价方面，学习力小学根据课前自主学习、课堂表现、讨论、展示、点评、质疑、总结、课堂综合表现等方面，以学习力小组为单位，综合课堂表现（科任教师赋分）、面批次数、预习登记情况、三色笔使用情况、日常德育情况等情况进行综合评价，且各班学习力小组评价与班级评比挂钩。与多元化的评价方式互相匹配的评价结果，是学习力小组以每天的评价结果为依据；定期评先以学习力小组每天的评价结果为依据；定期评选每月积极之星、学期积极之星、积极小组奖和优秀导学案，分别由年级和学校进行表彰。同时，每一位小组成员的表现将会与整个学习力小组的评分挂钩，如果有某一位小组成员表现不佳，那么将会影响整个小组的评分。这样的评价方式既促成了小组成员之间的相互监督，也培养了每一位小组成员的自觉性，每一位成员的表现都与自己小组的荣誉息息相关，加强了小组成员之间的凝聚力。

这种多层次、多方位的评价方法，不再拘泥于学生最终的学习成绩，而是将眼光聚焦于学生的学习过程，这将有助于发展学生的学习兴趣。根据奥苏贝尔的学习动机理论，在幼年、童年时期的学生以附属内驱力为最主要的学习动力，他们获得好评价是为了博得家长和教师的欢心。随着年龄逐渐增长，自我提高内驱力和认知内驱力成为学生学习最主要的动力，他们鲜少以博得家长和教师认可作为自己的学习目标，开始转向更高层次的学习动力——为了获得真知以及实现自我提高。对于学生的这种变化，梓琛中学新的评价方法比起以往的评价方法，更能满足学生的心理需求和实际需求。针对学生整个学习过程进行评价，能够促进学生全程沉浸在学习过程中，培养他们的学习兴趣，让认知内驱力成为他们最主要的学习动力，让学生从“要我学习”向“我要学习”转变。此外，小组成员表现与小组整体评价挂钩，也能有效促进学生的自我提高内驱力。高中阶段的学生迫切需要情感力量，集体荣誉感大大增强。个人表现与集体相结合不仅能够促进学生为了集体荣誉而做出良好的表现，使自我提高内驱力成为继认知内驱力后的第二学习动力，也能够培养学生的集体意识，增强他们对集体的归属感。

“三力”小组之一的成长力小组，在团支部书记带领下落实学生思想建设、纪律教育。每班设置团支部书记一名，负责本班团支部工作。组织委员一名，完成团支部书记交办各项工作，负责团支部组织建设、团费收缴、团员组织关系转接、团员档案归纳和整理等工作。宣传委员一名，完成团支部书记交办各项工作，负责思想宣传、团员思想教育和学习等工作。安全委员一名，负责班级安全教育知识宣传，兼任心育专干。纪律委员一名，负责班级学生日常纪律管理。

作为班级日常运作的行动力小组也是三力小组的重要成分之一。行动力小组下设班长、副班长和学习、体育、美育、劳动（卫生）委员，统领班级各类常规管理与考核。班长全面负责本班自主管理运作，带领副班长、学习力小组行政小组长定期召开学习力小组（行政小组长）例会；配合班主任主持召开好周一主题班会，组织好班级活动，协调好“三力小组”工作。副班长带领行动力小组，负责行动力小组建设和具体工作的分工安排、跟踪与监督；安排好值日班长、值周班长轮值表及工作监督与指导。学习委员负责开展学习活动，对各小组学习进行监督指导。体育委员负责班级日常跑操等体育活动、比赛的组织，与体育教师联系。美育委员负责班级日常美育（美术、音乐、书法等）学科工作；与美育教师联系，负责班级美育活动组织。劳动（卫生）委员负责班级日常劳动（卫生）活动安排与组织、班级及负责公区的卫生检查等，兼任文明专干。如图 4-1。

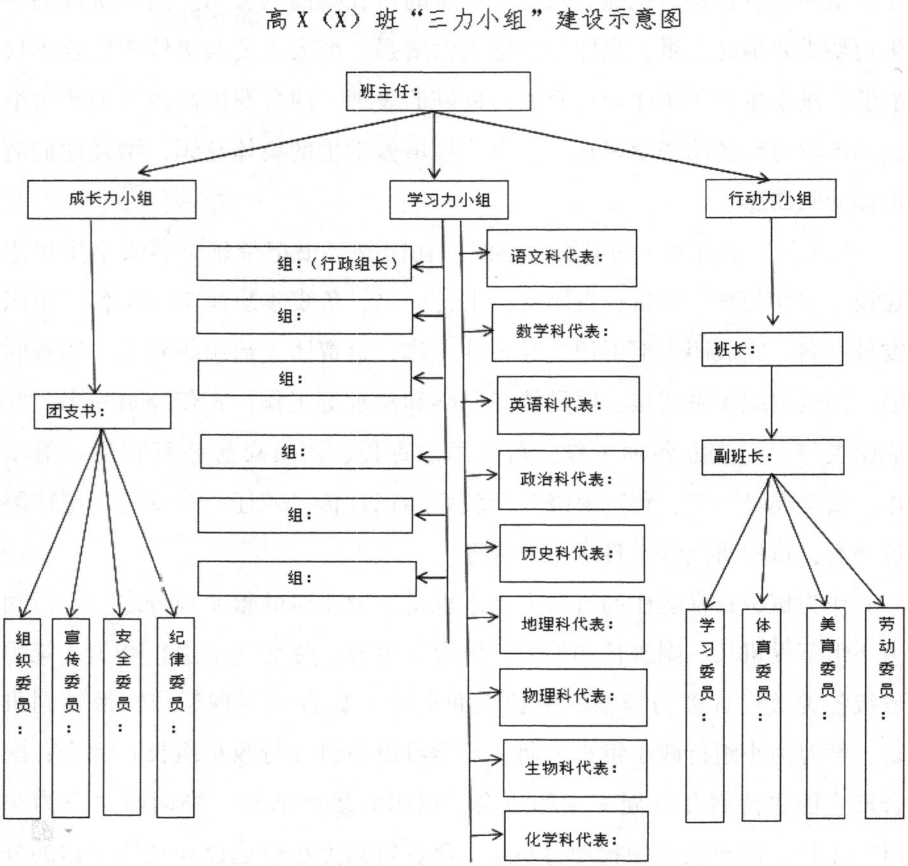

图 4-1　梓琛中学三力小组建设示意图

“三力小组”在课改小组指导下，由年级课改级长直接管理，定期开展系列培训。年级定期开展“三力小组”建设调研、座谈会等；年级定期召开各层面的“三力小组”建设研讨会，组织代表期末述职，并结合工作实际，年级定期评选表彰优秀“三力小组”。在三力小组的日常管理过程中，班长全面负责班级自主管理，同时负责带领“学习力小组”，团支书负责带领“成长力小组”，副班长负责带领“行动力小组”，三位负责人具体负责各小组工作安排、跟踪与监督。班级实行值日班长轮值制和值周班长轮值制。值日班长由全班同学轮流担任或根据学生实际情况安排轮值，具体负责一天的班级自主管理，每日如实填写班务日志；值周班长由成长力小组和行动力小组成员轮流担任，负责一周的班级管理（包括协助班主任组织班会课，学生学习监督，自主课、晚修纪律管理等）；填好值周记录。班级实行“三力小组”周例会制和工作汇报述职制。“三力小组”负责人定期召开例会，加强小组工作沟通与交流；“三力小组”负责人定期向班级、年级进行汇报述职。

三、“3+3”积极课堂教学模式实施过程

在“3+3”积极教学模式的实施过程中，课程分为自主课和展示课。自主课主要由学生自行完成次日课程的知识点过关案任务清单，自主学习，自主校对答案，科代表填写答题情况上交科任教师（预习案登记表——“作业本”）。展示课是小组展示、交流学习成果的重要平台。一个小组负责展示，另一小组负责补充、辩证，教师则在旁启示、点拨，最后完成“真题链接”练习并作小结。通过这两种课的结合，学生不仅有充足的时间进行自主学习，而且在展示课上也可充分达到相互交流的效果，在展示完毕后由教师负责答疑解惑，提高学生的学习效果。这种课堂模式既可以让学生自己进行充分的探索，尊重其课堂主体身份，也可以保证教师讲授的时间，不至于完全忽视了教师作为另一课堂主体的地位。

梓琛中学在编制导学案时有一套严格的标准，以便自主课和展示课顺利开展。导学案由知识过关案、研讨展示案以及真题链接案组成。知识过关案以知识点检测、知识点过关为宗旨，目的是查漏补缺；内容以知识点过关练习为主，由教师精选典型例题，让学生在自主预习课完成，教师进行课前检查批改。研讨展示案则需要对问题精挑细选，突出教学重点，紧扣本节课教学的目标，适合学生通过小组合作讨论在堂上作研讨展示。真题链接案则结合本课知识点精选典型真题，让学生能够在课堂上完成，方便进行交流答疑、教师点拨，当堂巩固知识。真题链接案可以由必做题和选做题组成，必做题要求全体学生必须完成，选做题对学生的能力要求较高，由学生自由完成。

为了保质保量地编写导学案，梓琛中学在备课过程中也有一套与“3+3”积极课堂教学模式相对应的备课方法，由备课组领导。在每月的最后一天，备课组长需将导学案电子版提交到学校服务器，将纸质版上交到教研督导室，上交备课组活动情况记录表，查看记录；了解集备开展情况，给出评价和反馈意见；备课组长检查相关材料，填写教学常规检查表，报科组长汇总，科组长发送科组数据到教研督导室。

备课分为初备—集备—我备三个环节。备课组的主要职能为研究导学案、研究课堂组织、分析数据、分析新变化，便于给教师初次备课提供明确的指引方向。初备环节主要是以个人备课为主，教师按照备课组安排，个人完成一次备课并编写导学案。集备环节是备课组集中研讨，对导学案进行完善，提出修改方案，整理出集体研讨出来的新导学案，完成二次备课。我备环节是集备后的个人备课，主要为备知识点过关案反馈情况，备教学组织策略，备学生可能产生的疑难问题，做好课堂预测，产生三次备课。三个环节的备课，能够有效地加深教师对教材的熟悉程度，并且能预设课堂上所可能产生的问题，便于更好地把控课堂。

与此同时，在集体备课的环节中能集思广益地对备课内容进行讨论和修改，也促进了不同教学风格的教师之间的相互交流和学习，更深入地剖析教材内容，让各位教师在合作共事中择善而从，反思自己，总结经验，促进成长。为了保证备课的质量，教师在备课时要遵守“三定五统一”的原则。“三定”指的是定时间地点、定内容、定中心发言人；“五统一”是指教学内容、教学进度、导学案、测验考试、学生使用资料统一。“三定”原则确保了定期召开备课研讨会议，督促各学科老师积极备课、认真编写导学案，以便在会上与其他老师进行交流；“五统一”则保证了学生都能获得一样高质量的教学。

为保证“3+3”积极课堂教学模式的正常开展，梓琛中学专门成立了课堂教学改革领导小组，负责课堂改革的总体规划、组织实施、监督指导等工作。领导小组下设“积极教学”工作室，全面负责课堂改革工作的组织实施。顾问和组长负责学校课堂改革方案规划及决策；常务副组长负责课堂改革实施、具体规划及监督；副组长负责教研、师资队伍建设工作；办公室主任负责课堂改革实施方案的制定、评价工作，组织年级课改工作，组织教师课堂教学评价，做好课改工作的对外联系与沟通工作；教研督导主任负责导学案编制的培训与指导，学科组、备课组集体备课的指导与监督；学管小组主任负责与课堂教学改革配套的班级文化、学习小组（学习共同体）的建设、管理及评价，做好学生层面的改革培训与宣传工作；“积极教学”工作室各年级负责人负责各年级课改工作的执行监督，定期反馈落实情况。

通过一系列的建设，梓琛中学成功探索出一套符合学校实际情况、现实运行成功的课堂教学模式。在“3+3”积极课堂教学模式的背景下，学生的积极性和主动性被充分调动起来，学生从以往的课堂被动接收者成为课堂主动输出者。在小组讨论展示的过程中，学生不再是被灌输内容，而是能够产出自己的观点，与其他同学进行观点的交流和思想上的碰撞，达到双赢的效果。同时，教师在展示完毕后的点拨答疑也能够有效地解决学生的疑惑。全方位的评价方式也能让学生产生更浓厚的学习兴趣，让他们乐于学习，乐于探索。除了学生学习方面，在班级日常管理、学生思想建设方面，“3+3”积极课堂教学改革模式也有建树。在班级日常管理方面通过行动力小组，以轮值制度和班干团体为核心开展管理工作，不仅能够培养学生的主人翁意识，而且可以增强学生的集体荣誉感和归属感。学生思想建设方面，以团支部为中心的思想教育、纪律教育，能有效地提高班级学生的思想道德水平，促使学生向新时代中国特色社会主义好少年成长；日常开展的团支部活动也能够潜移默化地影响学生的思想，提高他们的思想道德水平。

四、“3+3”积极课堂教学模式实施成效

“3+3”积极课堂教学模式经过梓琛中学课改小组成员前往相似课堂模式改革的高中学校的调研交流，并吸收其有益成分，现已形成了具有自身学校特色的“3+3”积极课堂教学模式，在2021年高考取得历史性的本科

人数翻三番成绩的情况下，开始在全校文化类课程中推行该模式。

在实行“3+3”积极课堂教学模式的过程中，全体梓琛师生积极配合，上级部门和学校领导高度重视，在全校范围内掀起了一场轰轰烈烈的改革之风。通过实行“3+3”教学改革模式的年级上课状态明显活跃了。此前比较沉闷古板的课堂现在转变为生生互动的活跃课堂，充分调动了学生的积极性和激活了学生的上课状态。部分从前上课状态不佳、昏昏欲睡的学生现在也能够积极参与到小组讨论和展示当中，部分不爱参与课堂讨论的学生也全程投入到与同学的交流当中，大大改善了从前不活跃的课堂气氛。小组文化的营造也成功地打造了每个学习力小组的亮丽名片，在校园里形成了一股优良的风气。

第五章

高中师生综合素养活动案例研究

学校的综合实践活动为学生提供了一个相对独立的学习生态化空间，学生是这个空间的主导者，学生具有整个活动绝对的支配权和主导权，能够以自我和团队为中心，推动活动的进行，老师与学生又呈现相辅相成、师生相长的关系。本章对一些校园师生综合素质实践活动的案例流程进行介绍。

第一节 开学（拜师求学）礼实施流程案例

开学典礼作为学校的教育管理活动之一，是展示教育理念与教育实践，感染并引导学生融入学校文化、健康成长的重要方式。从价值定位来看，开学典礼具有仪式性、教育性特征，要体现学校的育人理念。新的学期，学校通过举办开学典礼这种仪式活动，促使学生树立理想，激发斗志，明确新学期的奋斗目标，增强师生责任感和使命感，激励全校师生振奋精神、锐意进取，以良好的精神风貌投入新学期的工作和学习中，为新学期创造一个良好的开端。

下面以梓琛中学 2020—2021 学年第一学期高一新生入学拜师礼暨开学典礼实施方案流程为例进行说明。

梓琛中学 2020—2021 学年第一学期高一新生入学拜师礼暨开学典礼实施方案流程

一、活动目的

1. 明确新学期的奋斗目标，激励全体师生振奋精神，营造积极向上的校园氛围。

2. 迎接新一届高一新生，通过拜师仪式增强学生高中生活的仪式感、责任感和使命感，激发学生刻苦学习、锐意进取的学习追求，让学生感受浓厚的校园文化，健康快乐学习。

3. 通过拜师礼仪式强化学生“尊师敬师”的意识，培养学生尊师感恩的情怀，共创和谐师生关系。

二、活动对象

全体师生

三、活动时间

2020 年 9 月 1 日 8：00~9：00

四、活动地点

学校运动场及主校道

五、活动准备和流程

（一）开学气氛布置

校道两旁插彩旗

（二）活动准备

1. 制作拜师帖

大拜师贴 1 套，全级学生签名；小拜师贴共 450 套。

2. 制作许愿画布

蝴蝶型许愿卡450张（学生在许愿卡上写上高中三年的计划和梦想），许愿画布8块（每班学生按照画布的图形粘贴蝴蝶型许愿卡）。

3. 制作挂升旗台横幅（清远市梓琛中学2020—2021学年第一学期开学典礼暨高一新生入学拜师礼）。

4. 制作450枚校徽；各班班主任派1名学生代表，届时校领导为其佩戴校徽。

5. 托盘8个。

6. 全体学生穿校服。（班主任8月31日晚修提醒学生）

7. 高一班主任训练学生拜师礼动作：起礼——作揖，男生左手在前，女生右手在前，双臂大方展圆，双手要高举到额上；拜——挺直腰杆弯腰。

高二、高三学生学习回躬身礼动作：起礼——作揖，男生左手在前，女生右手在前，双臂大方展圆，双手要高举到额上；拜——挺直腰杆弯腰。

8. 高一班主任8月31日晚修指导学生书写“拜师帖”，在大拜师贴上签名，在小拜师贴上誊写拜师内容，在许愿卡写上对自己未来三年的规划、梦想，粘贴在卡纸上。

（三）工作人员分工

1. 主持人：何烨；学生代表：高一优秀学生代表——刘毅；教师代表：黄雪芬老师。

2. 音响设备、电子屏标语：王永洲副主任负责。

3. 礼仪、道具：刘炜同学负责。

4. “三善学子”“年度文明班”表彰名单及奖状打印：刘泽萍主任负责。

5. 校园卫生清洁安排：何全劲副主任负责。

6. 摄影：陈桂珍老师负责。

7. 国旗护卫队：陈可言、刘俊雄同学负责。

8. 学生队列集队：体育科组老师负责，赖世忠副主任总指挥。

（1）新生进场队列要求：7：40 集队，队形排列如图 5-1 所示。

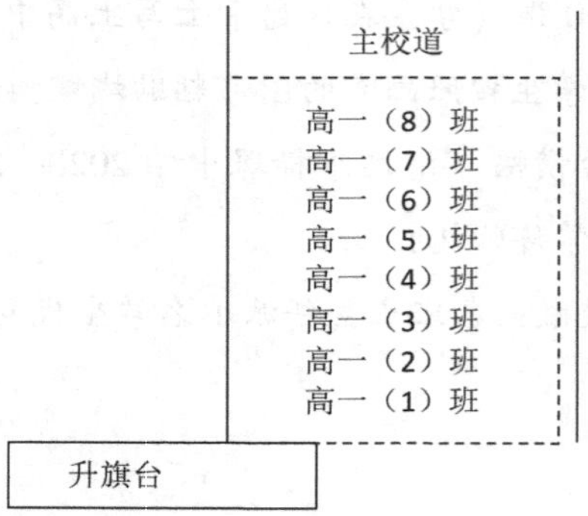

图 5-1　新生进场队列要求

具体内容要求：

① 教师队列：分年级排列，级长清点人数，面向校道排列。负责老师：李树佳主任。

② 学生队列：

高一级：班主任站班级队列前，与学生一起进场，学生按军训汇操表演集队，进场时手持拜师帖。负责老师：班主任，冯碧儿、林燕华老师。

高二、高三级：按升旗仪式排列。负责老师：班主任。高二：任韬、赖世忠老师；高三：林健明、管家伟老师。

（2）运动场集队队列：

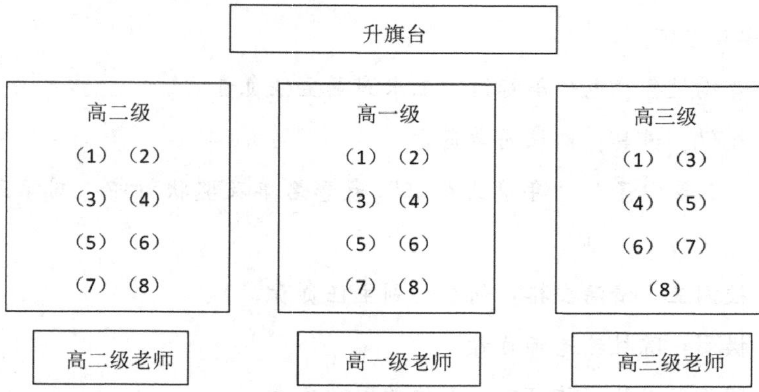

图 5-2　运动场集队队列图

要求：年级之间间距2米。负责集队的体育老师不变，班主任均站在班级队列右侧。升旗仪式后，进入新生入学拜师礼环节，高一级师生面向主席台，高二、高三级师生面向高一学生。

（四）活动流程

第一部分：新生入学拜师礼

活动一：高一新生进会场仪式

口令起——典礼开始！请高一级全体新生步操进入运动场。高一新生队列整齐、步伐一致、口号响亮，步操入会场，体育教师及班主任整理学生队伍。

活动二：升旗礼，开展“向国旗敬礼”教育活动

升旗仪式，请全体肃立，国旗队进场，升中华人民共和国国旗，唱中华人民共和国国歌，向国旗行注目礼。

升旗完毕，国旗队退场。体育老师整理学生队伍，高一学生面向升旗台，高二、高三师生面向高一级师生。

活动三：开展拜师礼仪式（播放背景音乐）

（1）佩戴校徽：请各班派1位学生代表上前排列（2行4列，学生会礼仪人员呈上校徽），由校领导为其佩戴（佩戴完合影留念），台下学生由班主任、高二学生会代表负责佩戴。

（2）行拜师礼：主持人请领导到升旗台前排成一列，钟声响起主持人引领全体高一学生向师长鞠躬拜师，师长回躬身礼，如图5-3。

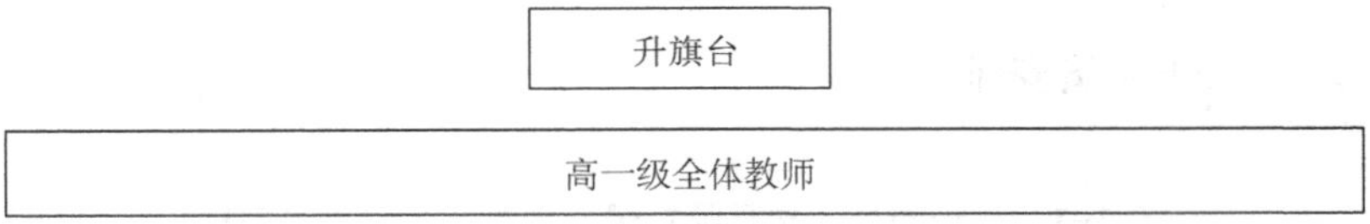

图5-3　导师站立图

（3）集体宣誓，立志向：由新生代表刘毅同学带领宣读拜师内容（手持全级大拜师帖），台下学生跟读（全体高一学生手持拜师帖宣誓）。

致良师：

我等学子，汇集一堂，愿执弟子之礼，同拜明德之师，共言致远之志。谨遵师教，尚学立德，自胜致远，梓立苍穹，琛耀乾坤！特立此帖，谨记求学初心。

师承人：

2020 年 9 月 1 日

（4）立志奋斗，呈送拜师帖：要求新生代表向级长呈送同学的大拜师帖；学生会干部收集小拜师帖，装入锦盒；班级代表向班主任呈送同学的梦想盒子，班主任接过锦盒并合影留念，班主任保存拜师帖留待高三毕业礼开封；年级代表呈上梦想画报。

（5）高一教师代表黄雪芬老师发言：回应拜师内容，欢迎新一届高一学生。

第二部分：开学典礼

活动一：表彰“三善学子”“年度文明班”

由刘泽萍主任宣读获奖名单，学生会礼仪呈上奖状，校级领导颁发。

活动二：“创文明城市，做文明学生”倡议

由学生会主席刘佳沛同学带领全体师生齐声背诵 24 字的社会主义核心价值观。

活动三：余耀强校长致辞。

请余耀强校长致辞。

六、工作人员安排

表 5-1　高一新生入学拜师礼暨开学典礼工作人员安排

时间	工作内容	负责人
8 月 20 日	采购入学礼、拜师礼活动所需物品	黄健
8 月 23 日—29 日	国旗班、礼仪队训练	赖世忠、黄健
8 月 29 日	到高一各班教拜师礼动作及拍摄视频	黄健、学生会干部

续表

时间	工作内容	负责人
8月29日	学生会新媒部负责主持人稿、主持人训练及活动所需音乐资料	黄健、学生会新媒部全体成员、何烨（学生）
8月31日	高一各班班主任负责指导学生学习拜师礼动作	高一各班主任
8月31日	高一级长负责安排拜师礼各班科任的列队顺序，负责通知到位	高一级长
8月31日	“三善学子”“年度文明班”表彰名单及奖状打印	刘泽萍、姚献明
8月31日	高一新生代表发言稿、教师代表发言稿校对	黄健
9月1日	音响设备、电子显示屏、升旗台横幅	王永洲
9月1日	学生主题服务队工作安排（会场布置、礼仪、主持、摄影、录像等）	刘佳沛（学生）
9月1日	校园卫生清洁安排	何全劲
9月1日	学生列队集队	总指挥：赖世忠 高一级：林燕华、冯碧儿 高二级：赖世忠、任韬 高三级：林健明、管家伟

清远市梓琛中学

2020年8月20日

第二节 成人（加冠宏志）礼实践活动案例

在20世纪90年代的中国学校掀起一阵成人礼的热潮，成人礼蕴含着深刻的教育意蕴，社会生命的诞生是成人礼主要的教育标识，在人的一生成长过程中占据着重要地位。成人礼应然的教育价值，包括成人礼的本体教育价值和成人礼的社会教育价值，前者为自我身份认同和自觉的身体规训，后者为民族精神及文化的认同，社会权利、义务和责任的获得。

下面是梓琛中学2019年和2020年成人礼活动流程的案例。

一、梓琛中学2019年“成人礼”活动方案

“感恩·责任·梦想·拼搏”

清远市梓琛中学2019年十八岁成人礼暨“国家宪法日”主题教育活动方案

（一）活动目的和意义

为引导高三学子树立坚定的理想信念，培养良好的品德，认识18岁成人的重要转变及意义，明确成人的社会责任和社会义务，加强感恩教育，深化法制教育，进一步增强公民意识和责任意识，我校开展清远市梓琛中学2019年十八岁成人礼暨“国家宪法日”主题教育活动。

（二）活动时间与地点

1. 时间：2019年12月5日（星期四）14：30—15：30

2. 地点：学校艺术广场

（三）活动对象

全校师生及部分高三家长

（四）主持人

高二（4）班莫雅雯、高三（1）班陈淇湘、高三（7）班柳粤榕

（五）活动流程

1. 迈成人门

高三级级长、8位班主任分别带领本班学生依次迈入成人门。

要求：（1）全体学生穿校服，着装整洁，每班学生代表高举班牌；（2）师生按班级顺序依序进场，进场时全班高喊口号，直至全班学生迈过成人门；（3）主持人分别宣读各班入场词。

2. 行升旗礼

全体师生肃立，面向国旗，奏唱中华人民共和国国歌，行注目礼。

3. 诵读经典

全体高三学生起立，请学生代表陈淇湘同学领诵《少年中国说》，其他同学跟着朗诵。

4. 校长寄语

请余耀强校长寄语十八岁的高三学子。

5. 家长寄语

家长代表献上父母的祝福与期望。

6. 学生心声

高三学生代表朗诵《感恩父母》（高三（1）班陈淇湘、高三（7）班柳粤榕）。

7. 品读家书

父母与子女交换书信，品读。

8. 教师寄语

高三张振波级长寄语，并带领全体高三教师为高三学子送祝福。

9. 感谢恩师

全体高三学生起立，向敬爱的老师行致谢礼，请各班学生代表向高三老师献礼物。

10. 赠成人礼

请校级领导，高三级赖杰锋、张振波、崔海光级长为台上的学生代表赠送成人礼——竹简和《中华人民共和国宪法》；班主任和科任老师为班级学生赠送成人礼。

11. 成人宣誓

请全体行礼者起立宣誓，学生代表柳粤榕同学领誓；主持人宣布活动结束。

要求：全体行礼者立正，右手握拳举起与太阳穴同高，左手握住宪法贴于胸前。

（六）高三级组准备工作

1. 11 月 29 日—12 月 2 日，向高三家长发送邀请函（收回执），确定活动当天到校家长人数，并联系家长代表，让家长代表准备好发言稿，内容包括给予子女 18 岁的祝福和为子女高考打气。

2. 收集高三各班成人礼入场解说词和口号，12 月 3 日前收齐上报团委。

3. 建议到场的家长为孩子准备一份“成人礼”，以表祝福。

4. 安排高三学生代表领诵《少年中国说》，朗诵《感恩父母》，领誓成人宣誓（高三（1）班陈淇湘、高三（7）班柳粤榕）。

5. 12 月 1 日晚上安排班主任收齐家长、学生的书信，要求学生自行准备信封装好。

6. 安排各班 1 位代表为老师献礼物。

7. 安排好各班 4 位同学上台领取成人礼（每班一列，从矮到高，横四列八），4 位同学均排在班级队列前四位。

8. 安排好高三全体教师为学生送祝福的内容，活动当天请统一穿红色衣服。

9. 全体高三学生穿校服。

清远市梓琛中学团委、高三级
2019 年 11 月 27 日

二、梓琛中学 2020“成人礼”活动方案

根据清远市教育局要求，我校被清远市文明办指定为代表学校，协同清远市礼仪文化交流协会为 2018 级学生举办集体成人仪式，仪式举办情况将代表清远市遴选上报省市和中央文明办。

（一）活动时间

7 月 21 日上午 8：00—9：00（彩排）

7 月 22 日上午 8：00—9：30（成人礼）

（二）活动参与人员

学校领导、家长、学校师生。

（三）工作人员安排

表 5–2 工作人员安排表

人员	事项
王永洲	1. 舞台上的红地毯（多少方请报给礼仪协会）； 2. 水晶讲台 1 座； 3. 典礼现场用音响（无线咪 3 支、立咪架 3 个）。
钱进	1. 净手礼使用的——放水盆的桌子 10 张； 2. 加冠加笄用：托盘 10 个（呈递冠帽、发簪）； 3. 联系级长、班主任统计师生汉服尺寸，借用汉服。
谭舒	1. 高二学生志愿者 30 名（下周一请安排在早上集中，礼仪协会安排培训，时间 40 分钟）。 ① 20 名着校服+志愿者马甲（由礼仪协会提供）； ② 10 名着传统汉服（礼仪协会报汉服尺寸给学校，请根据尺寸找学生）； 2. 安排好升旗手提前演练。
曹敏飞	1. 宣读成人誓词的领誓代表 2 名（男、女各 1 名）； 2. 安排家长代表、学生代表讲话，提前准备好讲话稿。
姚献明 赖世忠 冯碧儿	组织与管理入场顺序 ① 参与成人礼的学生入场顺序； ② 组织参与观礼的家长、学生方阵入场顺序； ③ 组织现场管理秩序的师长。

（四）成人礼流程（暂定时间）

7：30—8：00 参与人员入场、各岗位人员就位

8：00—8：05 主礼人开场

8：05—8：15 学子净手礼、正衣冠、入场

8：15—8：20 专家读诰文

8：20—8：35 分批加冠加笄（收垫子）

8：35—8：45 感恩祖先、感恩师长、感恩父母

8：45—9：00 真情感言：

卢立知副校长发言

家长代表高二（1）班梁浩峰母亲李井凤女士发言

冠笄者一名代表高二（1）班梁浩峰发言

9：00—9：05 宣读成人誓词（冠/笄者各一名代表：高二（4）班罗嘉民、高二（3）班吴心雨）

9：05—9：10 拜谢众宾

9：10 礼成，合影留念

参礼者、观礼者有序退场

（学校安排人员有序的颁发成人章+宪法小本）

清远市梓琛中学

清远市礼仪文化交流协会

2020 年 7 月 17 日

第三节　毕业（升学感恩）礼实践活动案例

毕业礼是每一个学习阶段的“最后一课”，仪式对于一个人情感归属和价值认同有着不可替代的作用，毕业仪式作为校园仪式中一个重要形式，它在学生思想政治教育中的作用更是值得我们去发掘。作为高中生来说，毕业礼其实也是升学感恩活动，对高中生心理与到了大学的思想行为产生重大影响，是学校文化和价值理念的传承，标志一个全新的开始。

下面以梓琛中学高三毕业礼活动案例为例进行说明。

清远市梓琛中学高三毕业礼活动方案

为营造浓厚的校园文化氛围，让高三学子毕业时对母校、同学、老师有一份浓浓的情意，也为了给毕业生三年的“广智课程”学习画上一个完美的句号，继续弘扬自胜致远的精神，学校特举办一年一度的高三毕业典礼。

一、活动主题

难忘师恩　梦想启航

二、活动时间

2019年6月27日9：00

三、活动地点

学校运动场（升旗台前）

四、参加人员

学校领导、高三级全体师生、部分家长

五、筹备分工

（一）筹备小组

（1）组长：刘泽萍；

（2）副组长：李小强；

（3）组员：各班级班主任、学生志愿者。

（二）具体分工

1. 级长：

（1）根据学生3年高中生活的综合表现，选出10名“三善学子”（综合“做人、学习、生活”三个方面产生），在6月3日前上交名单团委；

（2）活动过程中负责协调与沟通工作；

（3）确定2019届校友会会长1名；

（4）确定领唱《我自清远来》学生；

（5）要求全体科任老师到校，穿红色T恤。

2. 各班主任：填写“广智文化修业证书”统一交给级长，并通知学生6月27日上午8：30前回到学校，统一穿校服；在活动中维持纪律，保持安静。

3. 志愿者安排（陈祺湘负责统筹）

（1）礼仪：6人（黄韵为组长），全体佩戴礼仪带，其中4人负责颁发奖状、证书，2人负责引导学生上台阶合影。所需物品为托盘3套、“三善学子”奖状10张、2019届校友聘书1张、“广智课程”修业证书。

（2）摄影：吴清秀。

（3）音响：广播社（吕展豪为组长）。

（4）主持：柳粤榕。

（5）台阶4块（放于升旗台前）：高一（8）班志愿服务队（朱俊伟负责）。

4. 节目准备：高三毕业生代表领唱《我自清远来》。

六、活动流程

（一）进场

时间为6月27日上午8：40，音乐为《我的未来不是梦》。

学生、家长、老师、领导入场时，广播社循环播放音乐，由管家伟老师组织高三学生在校运动场集队。

（二）活动开始

（活动伴奏：《一生有你》）

1. 主持人出场介绍领导，宣布典礼开始。

2. 第一项议程：全体师生肃立，奏唱国歌。（播放《国歌》）

3. 第二项议程：请高三级分管领导张颖波副校长为毕业生寄语，并宣读2019届“十佳‘三善学子’”，有请校级领导余耀强校长、卢立知副校长颁奖。

4. 第三项议程：主持人宣布2019届校友会成立，并请高三学生代表（2019届校友会会长）谢文俊同学发言，发言后由余耀强校长颁发校友会会长聘书并合影。

5. 第四项议程：颁发“广智”课程修业证书，张颖波副校长、级长及各班班主任为同学颁发修业证书，并合影留念。

6. 第五项议程：毕业生代表献唱《我自清远来》，全级师生合唱。

7. 第六项议程：余耀强校长致辞广智学。

（三）活动结束离场

（音乐：《毕业歌》）

毕业生凭身份证到开放式阅览室前领取由移动公司赠送的礼品（电话卡、雨伞等）。

毕业典礼结束，相关人员做好清场工作。

清远市梓琛中学团委

2019年6月3日

第四节 “全员导师职级制”实施案例

2018年，中共中央、国务院印发了《关于全面深化新时代教师队伍建设改革的意见》，文件提出教育是民族振兴、社会进步的重要基石，是促进人的全面发展、提升人民综合素质的重要途径，而教师是教育发展的第一资源；学校的高质量发展，必须改变教书育人的目标和需求，转变教和学的关系，其核心关键在于教师素质培育。学校尝试围绕教师的综合素养提升，改革构建教师校本成长的平台，以“阅世—正德—修心—健体—持家—格业—树人—示范”八大内容体系提升教师综合素养。其中，起核心关键的是教师评价机制度的变革。2020年，学校落实中共中央、国务院印发的《深化新时代教育评价改革总体方案》文件精神，完善了“全员导师制”，职级申报与认定相结合，变革教师评价机制，把导师工作制作为教师评优评先的重要参考，引导教师实现综合素养提升，落实立德树人根本宗旨，从而促进学校办学质量提升。

下面以清远市梓琛中学的全员导师职级制的实施作为案例进行介绍。

清远市梓琛中学导师职级制实施办法

一、指导思想

为深入贯彻习近平新时代中国特色社会主义思想、党的十九大和全国教育大会精神，根据《中共中央国务院关于全面深化新时代教师队伍建设改革的意见》《中共广东省委广东省人民政府关于全面深化新时代教师队伍建设改革的实施意见》和《中共中央国务院关于进一步加强和改进未成年人思想道德建设的若干意见》等有关文件要求，学校依托至善书院育人模式，加强师生思想政治教育，建设专职思政教师队伍，做到教师人人是导师，学生个个受关爱，实现全员育人、全方位育人、全过程育人，落实立德树人根本任务，同时提升教师综合素养，实现师生相长的办学理念。

二、实施原则

（一）全员性原则

一是全体管理人员、教师都是育人者，做到“教书育人、管理育人、服务育人”；二是教育要面向全体学生，使每一位学生都得到发展，创设良好的育人环境，挖掘学生潜能，激发学生个性发展。

（二）全面性原则

每一位导师既是学生学习的辅导者，也是学生生活的引领者和思想心理的疏导者，使每个学生的身心都得到全面、健康、和谐的发展。

（三）人本化原则

导师要坚持以人为本，尊重学生的人格平等和个性差异，真诚关爱学生，努力成为学生的良师益友。

三、实施目标

结合《清远市梓琛中学全员育人导师制实施方案》，建立书院管理模式下全员育人、全程育人、全面育人的导师职级工作机制；落实教师教书和育人一岗双责责任，从思想、学业、心理、生活、成长五个方面对学生进行指导，对学生予以全面关怀、因材施教；指导全体学生注重道德涵养、学业修养和习惯养成，培养高中学生人格健全、行为自律、学习自主、心理自强的良好品质，培育“善做人、善学习、善生活”的“三善学子”。

四、导师职级设置

导师职级设置四级，从高到低依次为顾问导师、首席导师、一级导师、导师。本导师职级适用于在本校任教的在职专任教师。顾问导师由校级领导担任，其他导师由校级领导外的教师担任。首席导师数量控制在全体教师总数的15%以内，一级导师比例不超过全体教师总数的30%，其余为导师。全体教师总数包括在职在编教师、支教教师、临聘教师等专任教师。

五、导师职级申报条件

（一）申报导师职级应当具备的基本条件

具有心理C证；具有较高的思想政治素质，重视政治理论学习；具有胜任岗位职责所必需的专业知识、职业素养和实践经验；具有较强的事业心和责任感；具有良好的品行修养，恪守职业道德，立德树人。

（二）申报导师职级应当具备的资格条件

（时间自2013年9月算起）

1. 首席导师

申报首席导师需具备基本条件，且符合下列条件之一：

（1）具有3年及以上中层干部经历；（2）具有3年及以上年级管理经历；（3）具有4年及以上班主任工作经历；（4）具有心理A证；（5）具有心理B证并具有1年及以上心理健康教育专职教师经验；（6）荣获年度“优秀一级导师”称号；（7）连续3年被认定为“一级导师”。

2. 一级导师

申报一级导师需具备基本条件，且符合下列条件之一：(1) 具有1年及以上中层干部经历；(2) 具有1年及以上年级管理经历；(3) 具有2年及以上班主任工作经历；(4) 具有心理B证；(5) 具有心理C证并具有1年及以上心理健康教育兼职教师经历；(5) 具有1年及以上科组长或备课组长工作经历；(6) 代表学校组织师生参加市级比赛2次以上；(7) 荣获年度“优秀导师”称号。

3. 导师

申报导师需具备基本条件即可。

六、导师工作职责

（一）基本职责

1. 思想引导

引导学生树立正确的世界观、人生观、价值观，形成良好的思想道德品质。

2. 学业督导

督导学生制订学习计划，端正学习态度，激发学习动力，养成良好的学习习惯。

3. 心理疏导

及时了解学生心理状况，疏导不良情绪和心理压力，培养学生阳光积极、健康向上的精神风貌。

4. 生活指导

指导学生养成健康的生活习惯，科学合理安排日常生活，培养学生自立、自主、自理能力。

5. 成长向导

指导学生做好生涯规划指导和发展指导，引导学生培养兴趣，为学生的终身发展引路和奠基。

（二）各职级职责

1. 首席导师

（1）每学年至少开展2场校级（跨年级）或以上思政教育或心理健康主题讲座；（2）至少组织学生开展1次年级以上主题活动，或担任一个社团的导师，负责社团日常管理与指导，并带领社团参加一次校级或以上活动；（3）指导学生完成1个研究性课题学习；（4）每月走访一次学生宿舍；（5）每月批阅一次学生成长手册；（6）心理健康教育专职教师除完成上述5项内容外，每学年要接受学生咨询时间不少于180小时或180人次，每学期至少开展2场心理健康专题讲座，上交2份心理辅导案例。

2. 一级导师

（1）每学期至少组织学生开展2次班级以上主题活动；（2）担任一个社团的导师，负责社团日常管理与指导，并带领社团参加一次校级或以上活动；（3）指导学生完成1个研究性课题学习；（4）每月走访一次学生宿舍；（5）每月批阅一次学生成长手册；（6）心理健康教育兼职教师除完成上述5项内容外，每学年要接受学生咨询时间不少于120小时或120人次，每学期至少开展1场心理健康专题讲座，上交1份心理辅导案例。

3. 导师

（1）指导学生完成1个研究性课题学习；（2）每月走访一次学生宿舍；（3）每月批阅一次学生成长手册。

七、导师职级申请、认定与待遇

导师职级实行先申请后认定的管理办法。

（一）导师职级申请

导师职级实行个人申报制。该实施办法实施后，教师对照各职级条件和各职级导师工作内容进行申报，并填写《清远市梓琛中学导师职级申报表》和上交申报资格证明材料，由导师管理委员会审核并公示。

（二）导师职级认定

导师职级实行一年一认定制度。每年6月下旬，教师根据申报的职级，提供佐证材料；7月由导师管理委员会对材料审核与评定，公示认定结果，认定结果作为该学年导师评价参考因素之一。

（三）导师职级待遇

1. 导师聘任后，定期开展优秀导师评选；导师认定后，颁发导师职级证书。

2. 首席导师认定后，聘任为该学年的德育专职教师；一级导师认定后，进入学校班主任资源库，优先作为下学年班主任候选人。

八、实施的步骤

（一）准备阶段（2020年12月初至12月中旬）

1. 召开导师管理委员会议，明确工作职责；

2. 召开《清远市梓琛中学导师职级制实施办法（试行）》专题学习会议；

3. 组织各职级导师申报工作。

（二）实施阶段（2020年12月下旬至2021年6月中旬）

1. 完成导师申报材料审核和公示工作；

2. 定期召开各职级导师交流会；

3. 对导生进行定期问卷调查；

4. 定期评选各职级优秀导师。

（三）总结与认定阶段（2021年6月下旬至7月）

1. 导师职级认定。各职级导师根据导师工作内容，完成导师年度考核表，并提交导师佐证材料，导师管理委员会审核与认定。

2. 工作总结。导师管理委员会召开导师职级制实施工作总结会，分析存在问题并对实施方案进行修改完善。

九、保障机制

为保障导师工作的正常运行，切实加强导师职级制工作的组织领导，成立导师管理委员会，成员为全员育人导师制领导小组和工作小组成员。

表 5-3　导师管理委员会工作职责与分工一览表

成员		职责与分工	备注
领导小组	余耀强 卢立知 张颖波 刘辉文	导师职级制工作的规划、指导；召开导师管理委员会议，定期听取工作小组的工作汇报，并给予指导建议等。	
工作小组	刘泽萍	负责导师职级制工作的统筹、组织、协调等。	
	刘剑锋	负责导生研究性课题学习的组织；活动策划与组织；导师职级申报与认定材料审核等工作。	
	陈怡	负责导生问卷调查；活动策划与组织；导师职级申报与认定材料审核等工作。	
	黄健	负责导师社团申报与管理；活动策划与组织；导师职级申报与认定材料审核等工作。	
	陈汉明 潘伟婷 陈广平	负责导师与导生分组；督查研究性课题学习活动；导师和导生活动协调；导师职级申报与认定材料审核等工作。	
	曹敏飞 李小强 樊想想	负责督查导师与导生《成长手册》落实情况；负责收集导师职级申报表、考核表和申报资格证明材料；导师和导生活动协调；导师职级申报与认定材料审核等工作。	

清远市梓琛中学

2020 年 12 月 1 日

下图是“全员育人导师制”育人模式框架。

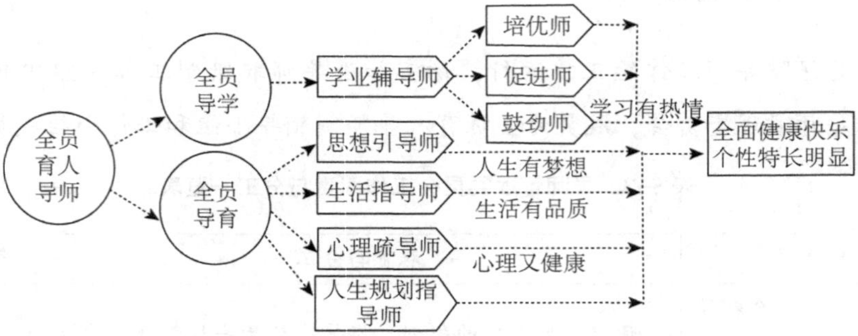

图 5-3 “全员育人导师制”育人模式框架

下面的表 5-4 和表 5-5 分别是清远市梓琛中学 2020—2021 学年至善书院社团指导导师分配表和至善书院“导师大讲堂”讲座表。

表 5-4 清远市梓琛中学 2020—2021 学年至善书院社团指导导师分配表

序号	社团	指导教师
1	音乐社	黄健、栾颖
2	舞蹈社	陆绮梅、刘婉嫦
3	动漫社	黄洁玲、罗美霞
4	读书社	刘咏梅、张清
5	足球社	姚献明、刘剑锋
6	羽毛球社	何雪兰、陈彩枝
7	书法社	黄龙华
8	青志社	胡宇芳、詹令令
9	高新技术社	吴华杰
10	摄影社	朱梦雪、龚国玲
11	智能创造社	钱进、李卫华
12	心理社	李燕飞
13	乒乓球社	赵露荣、邓巧文

续表

序号	社团	指导教师
14	篮球社	李艳、杨秀聪
15	积极阳光社	樊想想、叶剑妹

2021 年 8 月 20 日

表 5-5 清远市梓琛中学 2020—2021 学年至善书院“导师大讲堂”讲座表

序号	讲座类型	讲座主题	讲座时间	主讲人	效果
1	礼仪教育	文明礼仪伴我行	2021. 3. 25	刘咏梅	良好
2	礼仪教育	学生干部形象与礼仪	2021. 3. 24	陈怡	良好
3	自我认识	自我效能感的培养	2021. 3. 29	刘泽萍	良好
4	自我认识	认识自我	2021. 3. 25	姚献明	良好
5	自我认识	自我认识 把握未来	2021. 3. 29	冼广平	良好
6	优秀传统文化教育	从古代“六艺”学习领导力	2021. 4. 26	刘泽萍	良好
7	优秀传统文化教育	中国传统文化的传承与危机	2021. 5. 31	刘剑锋	良好
8	学习动机	寻求学习动力	2021. 4. 21	何全劲	良好
9	学习动机	无学习不青春——学习动机专题讲座	2021. 4. 2	刘咏梅	良好
10	学习动机	学习的初心——你自主掌握人生的力量	2021. 4. 26	钱进	良好

续表

序号	讲座类型	讲座主题	讲座时间	主讲人	效果
11	学习动机	学习动机的培养与激发	2021.4.30	王永洲	良好
12	劳动教育	积极教育工具下的劳动教育	2021.5.24	叶剑妹	良好
13	劳动教育	人类非物质文化遗产——二十四节气	2021.5.20	钱进	良好
14	时间管理	学生干部如何分配工作与学习时间	2021.5.19	陈怡	良好
15	时间管理	高中生如何精细化管理时间	2021.5.20	陈广平	良好
16	时间管理	争分夺秒——高中生时间管理方法	2021.5.24	左向阳	良好
17	心理健康	积极教育——阳光少年的“爱情”	2021.5.31	樊想想	良好
18	理想前途教育	理想前途教育——如何做好人生选择	2021.6.1	王永洲	良好
19	理想前途教育	理想前途教育	2021.6.30	何全劲	良好
20	理想前途教育	理想前途教育	2021.6.28	左向阳	良好
21	理想前途教育	阳光总在风雨后	2021.6.28	姚献明	良好
22	意志品质培养	培养你的意志力	2021.6.30	刘剑锋	良好
23	意志品质培养	磨炼意志，做高中生涯的赢家	2021.6.28	叶剑妹	良好

2021年8月20日

参考文献

[1] 丛立新. 课程改革的教学支持研究 [M]. 北京: 教育科学出版社, 2007.

[2] 高妙添, 肖建彬, 龚孝华. 创新型学校的变革 [M]. 北京: 中国轻工业出版社, 2013.

[3] 高英华, 孔祥顺, 段琳. 校园文化与学校管理 [M]. 延吉: 延边大学出版社, 2019.

[4] 郝志军. 课程与教学改革研究 [M]. 长沙: 湖南教育出版社, 2017.

[5] 卢晓中. 学校管理案例研究 [M]. 广州: 华南理工大学出版社, 2018.

[6] 陆汉彬. 探索学校管理的艺术 [M]. 上海: 上海教育出版社, 2017.

[7] 吕维智. 学校管理的理论与经典案例 [M]. 北京: 北京时代华文书局, 2017.

[8] 瞿梅福. 学校管理生命化的实践 [M]. 杭州: 浙江大学出版社, 2017.

[9] 石玚, 李雯, 王绪池. 学校管理的规范与创新 [M]. 重庆: 重庆大学出版社, 2010.

[10] 万玮著. 学校管理的本质 [M]. 上海: 上海教育出版社, 2019.

[11] 王加强. 学校变革的生态分析 [M]. 南京: 南京师范大学出版社, 2011.

[12] 王苏玉. 学校管理的知与行 [M]. 长春：吉林出版集团股份有限公司，2019.
[13] 徐德荣. 学校变革与融合教育 [M]. 杭州：浙江科学技术出版社，2011.
[14] 杨江峰. 学校管理经典案例分析点评 [M]. 福州：福建人民出版社，2020.
[15] 杨立新. 高中学校转型发展的动力 [M]. 天津：天津科学技术出版社，2018.
[16] 杨世军，沈延安. 融合培养模式下科学文化课程教学改革研究 [M]. 合肥：中国科学技术大学出版社，2020.
[17] 易丽. 文化生成：造学校发展“新生态” [M]. 南京：江苏教育出版社，2011.
[18] 刘瑛. 中国古代教育变革大事、特点及启示 [J]. 学理论，2012 (27)：140-141.
[19] 陈洪斌. 人本管理理念下的高中学校管理研究 [J]. 中学课程辅导（教师通讯），2018 (24)：136.
[20] 宁立新. 人本管理理念下的高中学校管理探讨 [J]. 课程教育研究，2019 (45)：244.
[21] 赵元成. 人本管理理念下的高中学校管理探讨 [J]. 学周刊，2017 (10)：193-194.
[22] 杨宇玲. 传统文化教育在高中校园文化建设中的融入研究 [J]. 家长，2020 (22)：136+138.
[23] 李代鹏. 人本管理理念下的高中学校管理工作探讨 [J]. 文教资料，2020 (22)：132-133.
[24] 李红军. 探讨传统文化教育在高中校园文化建设中的融入 [J]. 中国教育学刊，2018 (S1)：1-2.
[25] 吴宏锦. 高中学校管理存在的问题及改进措施 [J]. 西部素质教育，2018 (14)：94+100.

[26] 任梦. 学校成人礼教育价值实践问题研究［D］. 重庆：西南大学，2018.

[27] 冯鲁艳. 学校仪式的教育价值及其实现［D］. 济南：山东师范大学，2020.

[28] 俞志宏. 中华优秀传统礼仪教育的实践路径研究［D］. 曲阜：曲阜师范大学，2020.

[29] 易琴. 知识传授与学术探究：中国教育史学科的发展图景［D］. 上海：华东师范大学，2010.

[30] 张艺琼. 近代中国高等体育教育发展历程的研究［D］. 北京：北京体育大学，2017.

[31] 但昭彬. 话语权与教育宗旨之共变［D］. 武汉：华中师范大学，2005.

[32] 刘竞波. 传统文化教育在高中校园文化建设中的融入研究［J］. 教师，2021（09）：97-98.

[33] 贺新向. 基于课堂教学改革的学校组织变革研究［D］. 上海：华东师范大学，2017.

[34] 王雪茹. 学校转型变革背景下教研组长角色研究［D］. 上海：华东师范大学，2012.

[35] 刘晓静，向晶. 论学校管理变革的思维方式转变［J］. 上海师范大学学报（基础教育版），2010（01）：70-73.

图书在版编目（CIP）数据

现代化高中学校管理变革探索 / 余耀强著. -- 湘潭：
湘潭大学出版社，2022.10
ISBN 978-7-5687-0940-8

Ⅰ. ①现… Ⅱ. ①余… Ⅲ. ①高中—学校管理—研究
—中国 Ⅳ. ①G637

中国版本图书馆 CIP 数据核字（2022）第 223927 号

现代化高中学校管理变革探索

XIANDAIHUA GAOZHONG XUEXIAO GUANLI BIANGE TANSUO

余耀强 著

责任编辑：丁立松
封面设计：童越图文
出版发行：湘潭大学出版社
社　　址：湖南省湘潭大学工程训练大楼
电　　话：0731-58298960 0731-58298966（传真）
邮　　编：411105
网　　址：http://press.xtu.edu.cn/
印　　刷：长沙创峰印务有限公司
经　　销：湖南省新华书店
开　　本：710 mm×1000 mm 1/16
印　　张：10.75
字　　数：165 千字
版　　次：2022 年 10 月第 1 版
印　　次：2022 年 10 月第 1 次印刷
书　　号：ISBN 978-7-5687-0940-8
定　　价：48.00 元